# 渋沢栄一 男の器量を磨く生き方

渡部昇一
Watanabe Shoichi

致知出版社

# 渋沢栄一　男の器量を磨く生き方■目次

## プロローグ



## 第一章　志の原点

# 第二章　人間通

## 第三章　運命を拓いた海外渡航



## 第四章　強兵の前に富国あり

## 第五章　産業育成にかける

## 第六章 渋沢栄一の人生訓20
### ——人生成功の秘訣

装　幀――村橋雅之
編集協力――柏木孝之

【プロローグ】

# 日本実業界の礎を築いた男・渋沢栄一

渋沢栄一という人の話は子供のときからいろいろ聞いていた。しかし、そのころはあまり強い興味はひかれなかった。渋沢栄一が面白いと初めて思ったのは、大学二、三年ごろ、偶然古本屋で見つけた『渋沢青淵《せいえん》実験論語』を読んでからである。この本は四六版六百八十二ページからなる分厚い自伝である。幕末から維新にかけての渋沢栄一の体験が書いてあり、難題にぶつかったところで論語の教えに救われるというような話になっている。

私がこの本にめぐり合ったころ、渋沢栄一に私淑《ししゅく》する人たちの集まる竜門《りゅうもん》社という会が多額の懸賞金をかけた論文募集を行った。私はそれに応募しようと考え、「渋沢栄一と論語」をテーマにしていろいろ本を読んで論文を書いた。残念ながらこれは落選してしまったのだが、そのとき当選者はどんなテーマで書いているのだろうと論文を読んでみると、マックス・ウェーバーと渋沢栄一の関係にふれたような内容になっていた。それを書いたのは経済学を勉強していた人だったように記憶している。

しかし、後々考えてみると、マックス・ウェーバーと渋沢栄一の関連など、それほど重要な論点ではないと思うようになった。それよりも、渋沢栄一という男の生き方そのものの中に、より多くの学ぶべきことがあると私は思ったのである。

渋沢栄一の生き方には、われわれが人間を見る目を磨き、あるいは人間という存在を考える際のヒントがぎっしりと詰まっている。彼の人物と彼の修養の過程を見ることは本当にためになる。それを学ぶことにこそ、渋沢栄一という偉人を今の時代に輝かせることにもなると思うのである。

昨今は歴史教育の退廃によって日本の数多くの優れた先人たちの名が忘れ去られて

いる。しかし、そういう現状にあっても、渋沢栄一の名を全く知らないという人は少ないのではないだろうか。明治の初期に大蔵省の中心人物でありながら、自らの意志で民間に下り、その後、銀行から始まって日本の重要な産業の大半の創設にかかわり、晩年まで財界の大御所として活躍した人である。人格的にも非常に優れ、大財閥になる機会が何度もありながら、あえてそれを望まなかった。自分が富を独占するのではなく、国家のために、より多くの人が多方面の事業に参画するのがいいという考え方を持っていたからである。そのため、彼は自ら育て上げた事業が軌道に乗ると、それをやってみたいという人に株をどんどん分け与えた。また、慈善事業にも私財を投じて熱心に取り組んだ。その結果として、個人的な財産はあまり残らなかった。

そういう私心のない人物であっただけに、彼は非常に重宝された。その実業の才に着目した井上馨《かおる》からは「大蔵大臣にならないか」と打診を受けたこともあった。

井上馨は維新の元勲《げんくん》の一人として知られるが、渋沢栄一とは非常に仲が良かった。彼は、明治十八（一八八五）年に内閣制度ができた時点で存命していた維新の元勲の中、ただ一人だけ首相にならなかった人物としても知られている。なぜならなかったのかについては、三井財閥との関係が濃かったからだとまことしやかに伝えられているが、そんなはずはない。井上は当時の政界で非常に大きな力を持っていた伊藤博文や山県有朋《やまがたありとも》とは同じ長州出身ということもあり親しい仲であった。とりわけ伊藤とは、青年時代にイギリス留学をした仲であり、生涯にわたる盟友であった。そのため伊藤は「首相になれ」と井上にしきりに勧めている。そして井上も「やろう」と一度は決意している。そのとき、一番重要なのは大蔵大臣だと考え、親しくしていた渋沢栄一に「大蔵大臣をやってくれ」と依頼したのである。

ところが、渋沢は「私は民間人としてやることに腹を決めたから、大蔵大臣になる気はない」と断ってしまう。井上も地位に恋々とするところがない人であったため、「お前がやらないのなら、俺もやらない」と言って、伊藤の要請を受けなかったという。大蔵大臣を固辞する渋沢も大したものだが、総理大臣の椅子をあっさり断ってしまう井上馨という男もまた非常に得がたい人物であった。

政治家になることを拒否した渋沢栄一は、自ら宣言した通り、民間人として日本の産業界の礎《いしずえ》を築くために大活躍した。彼は還暦を迎えたとき、すべての事業から身を引こうと考えたが、その時点で彼が設立に関係した日本の主要な会社や銀行が八十以上もあったと言われる。結局、彼はそこで引退することなく、その後も各種産業の育成に携わるのだが、その生涯で関与した銀行・企業の数は五百以上とも語られている。

近代日本の財政および産業は、渋沢栄一を抜いて考えることは決してできない。それどころか、渋沢自身が日本の財政・産業の歴史であり、その歴史を振り返るというのは渋沢栄一の生涯をたどることとイコールであると言って過言ではない。渋沢が関係していない日本の重要産業はないと言ってもいいくらいである。それが評価されて、渋沢は民間人としては一番に男爵《だんしゃく》に推挙されている。

## 論語とそろばん

渋沢栄一は、民間人として日本に仕えたいという志を最後まで崩さなかった。そして常に口にしていたのが「論語とそろばん」という言葉だった。渋沢は経済には道徳が重要であると考えていた。そして渋沢にとっての道徳とは、別の言葉で言えば、

『論語』だったのである。だから、常々「論語とそろばん」と言い、『論語』の教えを実業の中で実践していった。不正な金は一切儲けず、持っていれば儲かるとわかっている株でも、他に事業がやりたいという人がいればいくらでも分けてやった。

逆に、事業がうまく行かずに出資者が株を手放して逃げ出すようなときも、渋沢はその株を引き受けて一人で事業を支え続けた。そして不思議なことに、彼が二、三年精力を傾けると必ず事業が上向いていくのである。すると今度は、逃げ出した株主が「株を返してくれ」と調子のいいことを言ってくる。しかし、それに対しても「たくさんの人が株を持つのはいいことだ」と厭味《いやみ》一つ口にしないで応じた。

そういう寛大な人であったため、結局、自分自身にはあまり財は残らなかったが、それを気にする様子もなかった。八十八歳という当時としては非常な高齢になっても、財界の大御所として何か問題が起こると出ていくという立場にあった。一例を挙げると、大正十三（一九二四）年に日本を代表する船会社であった日本郵船に大騒動が起こり、会社が傾きかけたことがあった。いろんな有力者が調停に乗り出したが全く功を奏さなかった。そのとき八十四歳の渋沢栄一が出ていって立て直しに尽力し、事なきを得たのである。当時は、とにかく渋沢翁が出ていけば話がまとまるという、そういうムードが実業界にはあったようである。

私は若いときから、こんな渋沢栄一の生き方に妙に興味をそそられてきた。私の興味の持ち方というのは、たとえれば講談を語る人が英雄豪傑に興味を持つのと同じようなものであって、自分が実業家になるために渋沢栄一を参考にするといった形のものではない。そのため、かえって渋沢栄一という人はどういう人物であったのか、どういう資質があったのかがよく見えてきたような感じがする。また、彼にあって私にないものもよくわかったように思う。

そういう見地に立って書かれた渋沢栄一の伝記というものも存在理由があると私は思っている。したがって本書では、人間・渋沢栄一の主だった伝記を語りつつ、そこから私が学んだ教訓、あるいはこれから日本人が生きていくために役立つと思われるような教訓を抜き出してみたいのである。

今、日本の産業界は決して渋沢栄一の望んでいるような方向には進んでいないようにも感じられる。渋沢栄一が今生きていたら、どういうアドバイスをするだろうか。そんなことも想像しながら、これから彼の人生をたどっていきたいと思う。

第一章

# 志の原点

## 質よりも量を求める

渋沢栄一は江戸後期にあたる天保十一（一八四〇）年に生まれた。この年は光格《こうかく》天皇が崩御した年であり、その翌十二年には徳川十一代将軍家斉《いえなり》が亡くなっている。この家斉の死によって、文化文政という絢爛《けんらん》豪華な時代が終わる。それは平和な江戸文化の終わりをも意味していた。同時代、視線をアジアに転じると、一八四〇年に清国（今の中国）とイギリスの間でアヘン戦争が勃発《ぼっぱつ》した。四二年には南京条約によってイギリスが香港の割譲を受け、植民地化していくという情勢にあり、西欧列強がアジアへの進出を本格化させつつあった。

渋沢栄一が生まれたのは武蔵国榛澤《はんざわ》郡血《ち》洗島《あらい》（現在の埼玉県深谷《ふかや》市）の大きな農家である。生家では農業の傍《かたわ》ら藍玉《あいだま》の製造販売や養蚕なども手がけ、加えて質屋も営んでいた。父親の代には名字帯刀も許されたというほどの、いわゆる地方の名家であった。その伝記を読むと、幕末の大きな農家の暮らしがどういうものであったかがよくわかる。農家とはいえ、非常に経済的なゆとりのある家に生まれてきたのである。

栄一の父・市郎右衛門は、元来、渋沢本家の人間ではない。母のエイが家付き娘であり、男子がいなかったので親類から市郎右衛門が婿養子として入ったのである。市郎右衛門はもともと武士を志して武芸を学び、また学問も修めて文学趣味があった。しかし、本家の跡継ぎとして養子に入ると、武士への思いをすっぱりと断ち切り、仕事一心に生きた。

学問のできる人であったため、栄一が六歳のときには素読を教え、大学、中庸、論語まで読み進めたという。八歳になると、従兄弟《いとこ》の尾高惇忠《おだかあつただ》という人から主として漢籍を習った。この人の教え方は、内容が完全に理解できなくてもどんどん読ませるというものであった。尾高は、子供に深い内容を教えても理解できないだろうと考えた。たとえば四書五経を詳しく教えたとしても、それを自分のものにして活用できるのは、おそらく物事の分別がつく年配になってからである。それならば子供が面白いと思うものを読み進めていくのがいいだろうという方針だった。

そのため栄一は、四書五経、文章軌範、唐宋八大家文《とうそうはちだいかぶん》といった学問的なものも読めば、日本外史や十八史略や史記といった歴史物、通俗三国志や南総里見八犬伝などの物語なども読んでいた。もちろん、面白いといっても大半は漢文で書かれていたわけだが、それを今の子供たちが「ドラえもん」の漫画を読むように読んだ。読む範囲だけを見れば、現在の中国文学科の大学生たちよりも幅広く読んでいたと言っていいだろう。

特に好きだったのは、歴史だとか小説、それから文章や戦争の本などだったらしい。とにかく本が好きだったらしく、十二歳のときの年始回りに本を読みながら歩いていて水の中に落ちてしまい、着物を台無しにして母親に怒られたという逸話が残っている。また、当時は本の絶対数が少なかったため、親類や知り合いの蔵書を片っ端から読んでいたという。

私が教育についていつも考えさせられるのは、量と質の問題である。たとえば音楽などでも、先生が完璧主義であるがために生徒が一向に前に進めないという例がある。具体的に言えば、私の長男が最初についた音楽の先生は完璧に弾けるまで何度でも繰り返し同じ曲ばかり弾かせたし、娘のピアノ教師にも完璧になるまで弾かせる人がいた。

しかし、完璧に弾けるのならそれはもう大家と言ってもいい。修学の途上にある者が常に完璧を要求されると、学ぶこと自体が嫌になってしまうものである。私の子供たちの場合も、結局、別の教師につき直すことになった。娘はアメリカ帰りの先生についたが、この先生は尾高惇忠と同じように、ある程度マスターしたら次に進んでいくという教え方をした。そうやってどんどん進んでいるうちに娘はピアノに興味を持ち腕も上げていった。長男にしても、エディンバラにいたときにイギリスの先生について量をこなしているうちに伸びていった。腕が上がると、かつてうまく弾けなかった曲もいつの間にか弾けるようになっていた。このように、先生の教え方が変わると一気に伸びていくことが、教育においてはしばしば見られる。

細かいところまで完璧にわかるまでは先に進まないというのも一つの教育方法かもしれないが、ざっとわかったら先に進んで、量によって実力を上げていくという考え方もあると思う。まして渋沢栄一の場合は漢学者を志していたわけではないので、面白い本を幅広く読んで読書癖をつけたのは非常によかった。その点で、尾高という人の教え方は非常に理にかなっていた。だから十四、五歳で日本外史を漢文で読むほどまでになっていったのである。

このような形で、十四、五歳までに渋沢は大量の本を読んだ。それとともに、撃剣や習字に熱心に取り組んだ。書道は知り合いについて、シナの大家・王羲之《おうぎし》の書などを墨で刷って冊子にした古法帖というものを手本に学んだという。そのため、渋沢は字が非常に上手だった。また、剣は十二歳のころから神道無念流《しんとうむねんりゅう》を習い、免状も取得している。後年、この剣術の腕によって新しい展開を切り開いたことが何度もある。当時は、腕に自信があるということが男の付き合いでは非常に重要だったのである。

## 図抜けていた工夫の精神

先にも述べたように父の市郎右衛門は元来武士になるつもりで勉強をし、剣術も学んでいた。そのため、物事を見る視野がとても広かった。商売の材料である藍葉《あいば》を仕入れるにしても、この時代では珍しく品質重視で選んでいたため、「渋沢さんが持ってくる藍玉《あいだま》は上物だ」と問屋にも評判がよかった。

十四歳になって、栄一は父の仕事を手伝うようになった。それはペリーが日本にやってきた年である。この年の春、父親に連れられて栄一は江戸見物をしているが、そのあとで、藍葉を買い集める仕事を始めるのである。

渋沢家は非常に手広く商売を営んでいたが、市郎右衛門は地元で仕事をしなくてはならなかったため、栄一は祖父と一緒に信州や上州方面に藍葉を買いに行かされた。ところが、祖父は物忘れが激しく、なかなかうまく仕事が進まない。栄一は「自分はもう藍玉の良し悪しはわかるようになったから、自分だけでやってみたい」と思うようになり、祖父に休んでいるようにと言った。祖父は、子供が一人で買い付けに行ったところで売ってもらえないだろうと心配したが、栄一には自信があった。父の仕事を手伝ううち、すっかり藍葉の目利きになっていたからである。

祖父が心配した通り、最初は相手にしてもらえなかった。外見は子供の恰好《かっこう》をしているし、頭も子供の髷《まげ》を結っているので、誰も真剣に話を聞いてくれない。しかし、藍葉の鑑定の真似事はできるから、相手構わず「これはちょっと肥料が少ない」「この肥料にはシメ粕を使わなかったんじゃないか」「乾燥が不十分だな」「これは下葉が上がっている」といろいろな批評を下しているうちに、村の人々は変な子供が来たなと言い始め、栄一に興味を持つようになった。やがて「渋沢さんの倅《せがれ》だけあって鑑定が上手だ」と言われるようになり、結局、二十軒ばかりの藍葉の生産者の家を回って一人で買い占めることができた。

それから二年が経って十六歳になると、栄一は本物の仕入れのプロになっていた。注目すべきは、このころ渋沢が藍葉の生産者の番付をつくっていることである。誰の藍葉は横綱、誰は大関というように生産者を番付にして並べ、その人たちを宴会に招待したときに番付順に上座から下座へと座らせた。そうやって生産者の競争を促《うなが》したのである。そうした工夫によって、渋沢の扱う藍葉はどんどん質が向上していった。

初めは家の仕事を見よう見まねで覚えていくが、一度任されると途端に工夫をして製品の質を上げていく。この工夫の精神は渋沢栄一の原点である。何をやるにしても工夫を凝《こ》らすことを忘れない。そのころは幕藩体制で二百年以上も平和が続いていた時代である。家を継げば親のやり方をそのまま受け継ぐのが普通であっただろう。特に武士階級は、「さよう」「しからば」でやっていればよかったのである。見方を変えれば、頭を使わない無能な人ばかりだったからこそ、渋沢のように工夫を心がける人間は容易に頭角を現してきたのだろう。

昔、「嚢中《のうちゅう》の錐《きり》」という諺《ことわざ》があった。革の袋の中に錐を入れておくと錐は必ず袋を破って外に出てくる。そこから、「才能ある者は必ず頭角を現してくる」という意味で使われる諺である。渋沢栄一はまさにこの「嚢中の錐」であった。番付をつくって製品の質を上げるなど誰でも考えつきそうなアイデアだが、当時は誰もそんなことをやる人はいなかった。幕末のような動きの激しい時代には、そうした才能のある人は自然と頭をもたげてくるものである。

## 迷信、信ずるに値せず

当時は迷信への信仰が非常に強かった。福沢諭吉などはそんな迷信に左右される風潮に対して批判的で、「お稲荷様に小便をひっかけると罰が当たると言うが、狐《きつね》を祀《まつ》るなんていうのはおかしな話だ」などと言っている。こうした見方は明治初期の啓蒙家たちの一つの特徴といえる。

渋沢栄一も迷信は疑いの目で見ていた。たとえば、こんな話が残っている。渋沢が十五歳のとき、お姉さんがブラブラ病という病気にかかってなかなか治らないというので、あたりで有名だった修験者を呼んで祈禱《きとう》をしてもらった。すると修験者は「この家には金神様と井戸の神様が祟《たた》っている。この家には無縁仏があって、それが祟りをするのである」と言った。

それを聞いた親類の人たちは、したり顔で栄一に言った。

「お前は神様の御告げなんかあるものかと言うけれど、この家にだって、昔、伊勢参りに旅立ってそのまま帰ってこないという人の話があった。そういう人たちが無縁仏になっているんだろう」

昔の怪しげな人たちは「無縁仏の祟り」ということをよく口にした。本当に無縁仏が祟っているかどうかはわからないが、先祖まで遡《さかのぼ》れば堕胎《だたい》や流産などで葬式を出さずに葬った水子の霊が必ずあるに違いない。それゆえ、当時の人たちにとって無縁仏という言葉は一番の弱みだったのである。

しかし、栄一はそんな話は信じていない。そこで、修験者に質問をした。

「無縁仏が出たのは何年ぐらい前のことでしょうか」

修験者が「五、六十年前のことだ」と言うので、

「六十年前なら、何という年号のときでしょう」

と聞いた。

修験者が「天保三年だ」と答えると、これはおかしいと栄一は気づいた。自分は天保十一年の生まれであり、そのとき十六歳である。天保三年なら二十三年前になるじゃないか。無縁仏があるかないかがわかるぐらいの修験者なのに年号がわからないというのはおかしい。それに、そのころの話なら自分だって親から聞いて知っているはずだが、その無縁仏について父親も母親も誰も知らないというのもおかしな話だ。

だから、その証拠は何かあるのかと問いただすと、親戚の人たちがみんなびっくりして、「そんなことを言うとバチが当たる」と口々にたしなめた。しかし、栄一は一

歩も引かない。場はすっかりしらけてしまい、修験者も困ってしまった。そしてついには「いや、これは全くおかしい。野狐でも来たのだろう」と話した。

それを聞いて栄一は馬鹿らしくなってしまった。そして「野狐なら祠を建てる必要はないのではないですか」というようなことで話は終わって一件落着したという。


「当時は実に迷信を信じる人が多かった」と渋沢は回想している。白河楽翁《らくおう》といわれた松平定信《さだのぶ》のように学問もあり知恵のある人でも怪しげな迷信を信じていたというが、それはおそらく、子供のときに奥女中か誰かに迷信を聞かされて、学問とは関係なくそれが頭にしみ込んでしまったのではないか。ただ、その後いろんな維新の元勲たちと交わったけれど、西郷隆盛にしても木戸孝允《たかよし》にしても岩倉具視《ともみ》にしても、この種の迷信を信じていた元勲は一人もいなかった、とも言っている。

その意味では、やはり明治維新というのは一種の啓蒙思想によって成し遂げられたと言えるだろう。

当時、迷信を信じないというのは武士の誇りだったようである。論語に「怪力乱神を語らず」とあるが、武士が根拠のない迷信のたぐいを信じてはいけないというのは四書五経を勉強した人たちの共通理解だったのである。

岡本綺堂《きどう》の『半七捕物帳』は幕末の江戸風俗を知るうえで最も適した本の一つだと思うが、そこには武士たちと武士でない人たちの差がはっきりと書かれている。同じ武家の人間でも、女性たちは迷信を真剣に信じているが、当主は一切信じていないという場面がしばしば出てくる。ところが百姓・町人になると、男女を問わず、だいたい迷信を信じている。それが当時の社会の一般的なあり方であったということだろう。

しかし、渋沢栄一は農家に育ったにもかかわらず、子供のときから迷信は全く信じていなかった。また、福沢諭吉や維新の元勲たちも迷信を信じていなかった。これは維新という時代の一つの特徴と見てもいいだろう。

## 屈辱の体験から生まれた志

少年のころの思い込みが一生を決するということがしばしばある。たとえば維新の元勲たちは皆、黒船が来たときの無様《ぶざま》な幕府の対応を少年の目で見て奮起した。それが彼らを討幕運動に駆り立て、明治維新を現出させた。

私自身のことを振り返っても、少年時代の印象は重要なのだなと思うことがある。たとえば、なぜ私は本が好きなのだろうと記憶をたどってみると、それは高校を卒業したときの出来事に突き当たる。高校を終えた年に、私は敬愛する恩師である佐藤順太先生のお宅に伺い、初めて本物の書斎というものを見た。天井まで倹飩《けんどん》（木版本を積み重ねて入れる縦長の桐箱）が並び、イギリスの百科事典や枕のように厚いアメリカの英語辞典がある部屋に通されたとき、目のくらむような強烈な印象を受けた。そして、自分も将来はこの先生のように年をとりたいと思った。その結果、今の私があると言っても過言ではない。これは、子供のときの印象は些細《ささい》なことでもかなりの影響力があるという一つの事例になるのではないかと思う。

さて、渋沢栄一にそのような出来事が起こったのは十七歳のときだった。その事件によって渋沢は、一生骨身に徹して動かないような印象を刻み込まれることになる。

それはこういう事件であった。

　ある日、渋沢は陣屋へ出頭するようにという代官の命令で、父親の名代《みょうだい》として出向いていった。殿様の名は安部摂津守といい、住居が岡部という場所にあったところから岡部公と呼ばれていた。渋沢が代官の陣屋に出頭すると、代官から御用金を申し付けられた。当時の大名というのは皆、年貢を百姓からとるほかに、先祖の法要、お姫様の嫁入り、若殿様の元服などの名目で、領内の金持ちから御用金なるものを徴集するのが常であった。渋沢家でも、栄一が十七歳になるまでに、岡部公の請願に従って合計二千両ぐらいの金を都合していた。

　そこにまた今度の申し入れである。栄一は代官に申し述べた。

「御用金のことは承知しましたが、自分は父親の代理で来ました。御用の向きを承ってこいと言われただけですので、即答はできません。一応、村に帰って父親の承諾を得てから改めてまかり出たいと存じます」

　そのとき渋沢家には五百両の御用金が割り当てられたが、代理の自分の一存でハイとは言えない。父親に話してから正式に返事をしたいというのは筋道の通った話である。

ところが代官は、半ば権柄《けんぺい》づく、半ばあざ笑うような軽蔑した調子で、

「お前は何歳になるのか？」

と聞いてきた。

栄一はその態度にムッとしたけれど、逆らうわけにもいかず、

「へえ、私は十七歳でございます」

と答えた。

すると代官は言った。

「お前は十七歳にもなっているのだから、もう芸者遊びもする年ではないか。三百両や五百両の金はお前の一存でも自由になるであろう。お前の家ぐらいの身代《しんだい》があれば何でもないはずである。親に相談するなど、そんなわからないことを言うのは承知できない。万一、貴様の親父が後で不承知だと言ったら私が直接説教してやるから、この場できれいに引き受けろ」

ところが、栄一は頑固である。

「いや、私は代理で来ましたから、父親が承知していなければお受けできません」

この一点張りで、いくらなじられても最後まで自分の意見を貫き通した。

その帰り道、栄一は心底思った。階級は違うとはいえ、あの役人は自分に対して徹底的に権柄づくで軽蔑的な態度をとった。こちらは御用金を頼まれるほうだ。五百両といえば大変な金である。それをタダで出そうというのに、まるで命令みたいな言い方をする。年が若かろうが、身分の違いがあろうが、あの態度は何事か。

栄一は本当に腹が立った。

「幕府の政治は間違っている」

と憤慨してやまなかった。

あまりに憤慨したものだから、家に着いたときにも顔色が悪かった。息子の様子を見た父親は何があったのかと心配して、栄一に事情を問うた。栄一は「これこれこういう御用でございます」とありのままを答え、同時に思いの丈を父にぶつけた。

「人間は元来、賢愚の差別によって尊卑の差が出るはずです。賢人が尊敬され、愚かな者が世の中に重んじられないのは当然かもしれません。けれども、ここの藩主は当たり前のように年貢をとったうえに、返しもしない金を御用金と称して取り立てるばかりでなく、あたかも貸しているものを取り返すがごとく何百両も納めろと命令してきます。誠にけしからん話です。

私はあの代官と初めて会いましたが、その言い方といい態度といい、知識のない男であることは明らかです。こんなやつが立派な領民を軽蔑嘲弄《ちょうろう》するというのは、お上の政治が悪いからに違いありません。これから先、百姓をやっている限りは虫けら同然に扱われ、知恵も何もない代官から馬鹿にされ続けなければなりません。それは私にはとうてい我慢がなりません。だから、私は百姓を辞めて、なんとしても立派な人間になり、殿様や代官を見返してやりたいのです」

父親は、栄一の言い分は間違いではないと認めた。しかし、「理屈では勝てないのが今のご時世だから従うしかない」と言って、五百両の御用金を差し出す決断を下した。栄一もそうした父の決定については反対でなかったが、この一件を境に彼の人生は大きく舵を切ることになった。

渋沢栄一はここで二つの決心をした。一つは、幕府の政治が悪いから潰さなければいけない、ということ。もう一つは、生産業者がみくびられないように、その地位を上げていかなければいけない、ということであった。

幕末から明治にかけて渋沢はフランスに行く機会を得る。そのときヨーロッパでは町人と政治家が同じパーティーに出席しているのを知った。その様子に全く上下がないのを見て、こういう日本にしなければならないという思いを強く抱いて帰国した。そして、いっときの大蔵省勤めを除いて、人生のほとんどを在野で過ごし、商工業を営む人たちのレベルを上げ、政治家や役人たちと平等な立場にまで持っていくことに一生を捧げるのである。

偉人として歴史に名を残す人には、ある強烈な印象を受けた出来事をきっかけに自らの人生が劇的に変化していくという場合がしばしばある。しかし、これは偉人に限られた話ではない。どんな人でも、その人の器に合わせた影響を受けるものなのである。そして、その影響の大きさは年をとるとわかってくる。自分が今こんな仕事を一生懸命やっているのはなぜかと考えてみると、意外と小さいときに受けた何がしかの印象が大きく影響しているものなのである。いくら探っても、それ以外の動機は見つからないという感じがある。

渋沢栄一は大人物らしく、十七歳のときの体験から強烈な影響を受け、それによって日本の根幹に関わることを考え、将来の方針が決まってしまったと言っていいだろう。このあと渋沢の人生には紆余曲折《うよきょくせつ》はあるが、後年になって振り返ると、結局、陣屋で代官から受けた屈辱的な振る舞いに原点があることがよくわかる。

よくわれわれは志を立てる大切さを語る。しかし、同じ志でも、本を読んで勉強して立てた志より、少年時代の体験がもとになって生まれた志のほうが本物であることが多いようだ。本を読むだけでは、なかなか生涯を貫くような志は生まれるものではない。やはりガツンと骨身にしみる体験が必要なのである。

## 血の気の多い男

このような出来事を経て、栄一は商売にさらに必死で取り組むようになった。年に四回ずつ父親の代わりに信州、上州、秩父《ちちぶ》の三箇所を回り、藍葉を仕入れた。彼の熱心さによって商売は大いに栄えた。

そのころはまた、家にやってきた儒学者や詩人たちと多く交わった時期でもあった。地方の金持ちの家にはいろいろな人が食客としてやって来る。そういう学者たちから論語や文選、史記などの講義を聞いた。

十九歳になると、漢籍の先生であった尾高惇忠の妹ちよ子（千代）と結婚する。しかし、内外の状況はますます剣呑《けんのん》の度を増していった。二十歳のときには安政の大獄が起こり、橋本左内《さない》や吉田松陰が囚われて死刑に処せられた。そして二十一歳になると、大獄を引き起こした井伊掃部頭《かもんのかみ》が桜田門外の変で殺された。

時代は大きくうねっていた。しかし栄一は、いまだ野心を抑えて一生懸命に勉強し、家業に精励していた。

尾高惇忠の弟に尾高長七郎という人がいる。長七郎は剣術家を目指して江戸に出ていたが、ときどき血洗島に帰ってきた。栄一はこの長七郎から大きな影響を受けることになる。長七郎もまた日本外史や十八史略の影響を受けていて、「豊臣秀吉は百姓上がりで天下をとった」「家康は小大名上がりだ」「漢の高祖は低い身分から支那の帝王になった」といった成り上がり者たちの物語を、あたかも自分の友達の話をするかのごとく熱心に栄一に聞かせた。

栄一もそうした話に大いに触発され、熱き血をたぎらせた。渋沢の父親はそうした話に感化される栄一をなだめ、抑えようとしていたが、それには自ずと限界があった。栄一が二十二歳になるころには、世の中の風潮は尊皇攘夷へと流れていく。血洗島にも薩摩や長州の志士たちが同志を集めるためにやってきた。渋沢はそういう志士たちと時代を論じ、自らも世に出て志を立てたいと思った。しかし、とても父親が許してくれそうもない。

栄一は父親に直談判を試みた。

「春先の農閑期だけ江戸にいる尾高長七郎のところに行って勉強したい」

父親は当然、反対した。

「跡取り息子のお前が商売を捨てて尊皇攘夷運動にかぶれては困るじゃないか」

そう言って説得しようとしたが、最後には栄一の希望を認めた。駄目だと言えば家出をするような覚悟にも見えたらしく、春先の農閑期だけという条件で、渋々ながら認めざるを得なかったようである。

江戸に出た栄一は海保漁村《かいほぎょそん》という学者の開く塾の塾生となって漢籍を学んだ。しかし、もとより学者になどなるつもりはない。天下の志士になって、機会を見て倒幕を実行しようと情熱をたぎらせていたのである。栄一にとって、代官に辱められた気持ちはそれほどに強かった。だから塾にあっても、読書するよりは有志と交わることに心を用いた。同時に、千葉道場で剣客と懇意を結び、盛んに国事を論じた。

その春は二か月江戸にいて郷里に戻った。そして実感したのは、さすが江戸というのは八百万石のお膝元《ひざもと》で、田舎とは全然違うということであった。師匠とすべき人、友達とすべき人が雲の如くいるという実感を持った。栄一は自分が一丁前の憂国の志士になったような気になっていた。江戸で知り合った人たちもしばしば訪ねてくるようになり、口角泡を飛ばして天下国家を論じ合った。

渋沢家にとって、客がいくら来ても金銭的に困ることは全くなかった。しかし、父親にしてみれば、そういう客が来る分だけ栄一の商売が留守になるのが面白くない。一方で、自分の息子が高級な議論をしているのを見ると、嬉しく思わないでもなかった。

二十四歳になると、栄一は父親に、本格的に江戸に出て討幕運動に身を投じるつもりであることを伝えた。父親はもう何も言えなかった。反対しても出奔《しゅっぽん》するだけだと思ったのである。

「お前は商売がうまいし、家業もますます盛んになり、家もますます栄えている。私も早く隠居したいけれど、ここで止めれば、かえってお前を不幸にするかもしれない。ここは子供を一人亡くしたと思って、私が若返ってもう一度家業に精を出すことにしよう。お前もくれぐれも無分別なことはやるのではないぞ」

父はそう言って、栄一を送り出してくれた。

再び江戸に出た栄一は、再び海保漁村の塾生となり、千葉道場に入り、勉学の傍ら剣道に力を注いだ。幕末の江戸で千葉道場と海保塾といえばどちらも一流である。それだけに各地の俊才が集まった。口を開けば天下国家を論じ、幕府の暴政を罵倒《ばとう》する。そうしているうちに、「国体明瞭、尊皇攘夷」の思想がどんどん強くなっていった。

このときは四か月ぐらい江戸にいて、血洗島に戻った。

栄一は思った。江戸にはいろんな人がいるけれど、各地の藩から来ているからまとまりがない。しかし、幕府は朝廷の許可も得ないで外国に対して港を開いている。朝廷の意志を守らないというのでは、もはや征夷大将軍の資格はない。これは引っ繰り返さなくてはいけない。でも、そのためにはどうすればいいか。そうだ！　ここは一つ自分たちで幕府を倒すための兵を興してはどうだろうか、と。

若いころから渋沢栄一に優れた実務的才能があったことはその商売の上手《うま》さから見て間違いない。しかし、渋沢栄一は商才だけが取り柄の男ではなかった。彼はまた、非常に血の気の多い男でもあったのである。

## 渋沢栄一の倒幕計画

兵を興すという考えに力を得た栄一は、従兄弟の渋沢喜作らとともに尾高惇忠を頭領に担ぎ上げた。そして、互いの血をすりあって絆を深め、討幕軍を興そうと画策した。そのとき集まったのは六十九人。普通ならば、たった六十九人で幕府を潰すことなどできるはずがないと思うところだが、栄一には成算があった。

彼の立てた計画はこういうものであった。

とにかく横浜にある幕府の居留地を襲って焼き討ちをかけ、片っ端から外国人を斬り殺す。しかし、いきなり横浜に斬り込むのは不可能だから、まずは決死の六十九人で高崎城を乗っ取る。ここで同志を集めて兵を整えてから鎌倉街道を通って横浜に向かい、一挙に居留地に攻め込む。そうすれば、途中で江戸の同志も加わるだろう。

もちろん、多数の外国人が殺されれば、外国は抗議をしてくるに違いない。そうなれば、多額の賠償金を要求されて幕府は潰れるはずだ（実際、薩摩藩士が殿様の行列を乱したとしてイギリス人を斬り殺した生麦《なまむぎ》事件のとき、幕府は十万ポンドという莫大な補償金を求められている）そこで自分たちの主張する王政復古を行えば、王道を以て天下を治める時代が来るだろう。そのためになら死んだって構わない。

武器はどうするかという議論もあった。それに対しては、鉄砲を買うと秘密の計画がばれてしまう可能性が高いから槍と刀を使おう、ということになった。尾高が五、六十、栄一が四、五十刀を用意する。そして剣術に使う稽古着を着る。軍資金は、藍玉の代金を回収するときに二百両ほどごまかせばいい。

高崎城の占領計画はこうである。夜、焼き討ちをかける。決行の時期は火の回りの早い季節が一番いい。そこで、文久三（一八六三）年十一月二十三日、冬至を期して行うことに決めた。冬至は一陽来復のめでたい日だから決行するにはちょうどいい。

栄一たちがこの計画を立てたのは八月。そして九月十三日の月見のときに、尾高惇忠や渋沢喜作などを含めた一族の者数人が集まって時勢を論じた。その席に出た父の市郎右衛門は、栄一を必死に止めようとした。

「お前は非望を企てるのか。人間というのは本分を守らなきゃいけない。百姓町人の本分を守れ」

しかし、栄一は頑として譲らなかった。

「百姓・町人だからといって黙って見ているわけにはいかない。それは臣民の道ではない」

この言葉からは、幕府に代わるものとして朝廷を持ち出そうという思想が一般的になってきていることがうかがえる。

市郎右衛門は、栄一の意見が老中の意見と違うのは個人の見識としては構わないが、身分不相応なことをしては駄目だと言っている。つまり、父親はまだ身分論者だったわけである。ところが、息子の栄一は、身分は大事だがそれを越えた重要なものがあると主張し、皇室を持ち出してきた。われわれが忠義するのは日本国であり、日本国の天皇であるというわけである。

時代はここにきて、忠義の対象を殿様や幕府を越えて日本という国、その象徴としての王道や皇室にシフトしていくのである。国のために事を起こすのであるから、それは自分一身に間違いがあったとしても、渋沢家の存亡にかかわるものではない。だから、やらせてくれというわけである。

激論を続けるうちに夜が明けた。父親は結局、諦《あきら》めて言った。

「私はもう何も言わない。時勢のことを知ったとしても、知らないつもりで麦をつくり、藍の商売をやって、一生百姓でこの世を終わるつもりだ。たとえ幕府の政治が悪かろうと、役人が無茶であろうと、構わずに私は家の業《なりわい》を成功させる。お前ができないと言うなら仕方がない。お前は名を挙げるのか、それとも身を滅ぼすのかわからないけれども、自由にして、勝手に振る舞え。お前はないものと諦める。今日限り、親子ともどもそれぞれに好きな道を進むことにしよう」

このようにして、九月十四日、渋沢栄一は晴れて自由の身になった。

「自分はこれから国のために一生を捧げます。渋沢家に迷惑がかかってはいけないから勘当してください」

栄一は父に訴えたが、父はそれを受け付けなかった。

「突然勘当したら、かえって世間の疑惑を受けるから、その必要はない。罪をおかさなければ、この家に迷惑がかかることもないだろうから心配しなくてもいい」

道理を間違えずに立派な人間としてやってくれ、と諭されたのである。

再び江戸に出た栄一は、そこに一か月ばかり滞在し、計画遂行の準備を進めた。刀と槍は誰が持つか、着るものは誰が分担するか、合言葉はどうするかといった細かな取り決めや、地理の研究などの下準備をしていった。

そんなところへ尾高長七郎がやってきた。長七郎は文久二年に京都へ出ていたが、ちょうど帰ってきたところだった。彼は渋沢より前に江戸へ出て、漢学塾でも剣術の道場でも先輩だった。いわば一番中心的な人物であり、また京都の最新の事情を知っていた。そこで、十月末に計画の首謀者五人が集まり、長七郎から京都の情勢を聞くことになった。その五人とは、頭格の尾高惇忠、長七郎、渋沢喜作、海保塾生の中村三平、そして栄一である。

尾高長七郎は尊皇攘夷主義者であった。だから渋沢の思想の先生でもあったわけだが、その長七郎は「今は絶対に兵を挙げるべきではない」と主張し、京都の事情を縷々《るる》述べた。公家の中山侍従忠光を担いで十津川浪士が立ち上がったが大和五條で潰されている。ほかにもいろいろな企てがあったが、すべて失敗している。自分も計画に参加したいのだが、京都の現状を見ればとても成功するとは思えない。だから、変節漢と罵《ののし》られる覚悟で中止を主張する、と言うのである。

しかし、血気盛んな渋沢は承知しない。

「あなたは命が惜しくなったんじゃないか」

と長七郎を責め立て、

「先陣の血祭りにあなたを刺し殺してでも、この計画は実行する」

とまで言った。

しかし、長七郎は諭すように栄一に言った。

「お前たちの言うことはよくわかる。そもそも俺も一緒になっていたのだからな。しかし、今の状況では百姓一揆と同じだ。子供みたいに騒いで終わってしまう。たとえ焼き討ちが成功したとしても外国人が喜ぶだけだ。それを理由に、この国が外国に占領されてしまうかもしれない。国内の政治に外国から干渉されるようなきっかけをつくることは恥である。もし俺を裏切り者というなら殺してもいい」

長七郎は渋沢を刺し殺してでもこの計画は止めると言い、渋沢は長七郎を殺してでも決行すると言い張る。それで「殺すなら殺せ」「刺し違えて死ぬ」という騒ぎになってしまった。最後は二人の師匠格の惇忠が間に入り、なんとか両者をなだめ、もう少し慎重に計画を立てようと話をまとめてその場は別れた。

栄一は住まいに帰ってから一人になって冷静に考えた。すると、どうも長七郎の言うことは本当なのではないかという気がしてきた。そして一睡もせずに考えた挙げ句、長七郎の意見に従おうと決めた。天下の形勢をもう少し見ようという結論にたどり着いたのである。

改めて開いた会合で栄一は長七郎に謝罪し、焼き討ち計画は中止になった。渋沢栄一、初めての挫折である。

第二章

# 人間通

## 尊皇攘夷思想から離れる

渋沢栄一は尾高長七郎の言葉に従って、高崎城の焼き討ち及び乗っ取り計画を中止する。この焼き討ち計画の中止は渋沢栄一の人生の転換点となった。これがきっかけとなって、彼は尊皇攘夷の思想から少しずつ離れていくのである。

しかし、集まった同志にどう説明すればいいだろう、と渋沢は考えた。前述のように、計画に賛同する人たちが六十九人集まっていた。これは渋沢の人望の厚さを証明する一つの証拠でもある。何しろ江戸に出たのは二、三度で、しかもそれほど長い間ではない。にもかかわらず、命をかけて倒幕を目指す同志が六十九人も集まったのである。人をひきつけてやまない魅力を渋沢は持っていた。それがのちに渋沢に新たな道を開くことになるのだが、それはさておき、この集めた仲間に計画の中止を告げなくてはいけない。下手をすると、せっかくの信頼感が揺らぎかねない状況である。

そこで渋沢はいかにも渋沢らしいやり方をとる。事情を説明し、解散するときに、全員に対して手当てを出しているのである。浪士が決起するときには金の面で無理がある場合が多いが、渋沢には父親の商売の金をごまかした二百両があった。その金の中から参加した人たちに手当てを渡すことで、誰も不平を言わず、満足して解散できたのである。

ところが、そういう計画は隠密にしていてもどこかから漏れるものである。そのうち、どうも幕府の関八州取締役の耳に入っているらしいという噂が聞こえてきた。

当時の幕府の探索力というのは大変なものがあった。吉村昭さんが小関三英《こせきさんえい》という蘭方医が蛮社《ばんしゃ》の獄に連座して逃げ回る話を書いているが、どこへ逃げても追いかけてくる。それほど恐るべきものであった。

幕府の警察機構を見ると、与力というのはほんの少数しかおらず、あとは岡っ引や下っ引と呼ばれる人たちだった。この人たちは普段は床屋をやっていたり、あるいは博徒《ばくと》やテキヤなどをやっていた。博徒というのは今で言えばヤクザのようなものだから、当時は犯罪の世界と二股をかけている親分たちが十手捕縄《じゅってとりなわ》をやっていたわけである。それだけに、治安能力はすごいものがあった。そういう人たちのネックワークが市中に網の目のように張り巡らされていたために、いくら隠れてもなかなか逃げ切れなかったのである。

そういう次第で、渋沢たちの計画もきれいに滞《とどこお》りなく始末が済んだと思っていたけれど、どこからか話が漏れていたようである。ただ、漏れていると教えてくれる人がいたというのが、渋沢にとって幸いであった。

しかし、これは一時身を隠さなければ危ないと考え、渋沢と喜作は郷里から立ち退《の》くことにした。尾高惇忠は密議に預かってはいるけれど、すでに一家の主人であり、また漢学の先生でもあるから嫌疑はかからないだろうと考え、あえて動かなかった。

渋沢と喜作は最初、江戸に潜伏しようと考えたが、江戸は将軍家のお膝元である。灯台下暗しとはいうものの危険が伴う。そこで、ここはやはり尊王の志士が集まっている京都が一番安全なのではないかと考えを変えた。京都ならば各地の志士とも交われ、天下の形勢を見るのに都合がいいだろうという気持ちもあった。

計画を立てているときは、役人の五人や八人は邪魔したら片っ端から斬り捨てようという意気込みだったが、ひとたび計画を止めて逃げ出すとなると、今度は急に臆病になって、風の音にもびくびくするようになってしまった。こっそり立ち退こうかと思ったけれど、それではかえって世間も怪しむのではなかろうかと心配になった。そこで、伊勢参拝かたがた京都見物に行くという理由をつけて郷里を立ち退くことにした。文久三年十一月、西暦では一八六三年のことである。

渋沢はこのとき二十四歳。この年に長女が生まれている。この長女は後年、東大法学部教授穂積陳重《ほづみのぶしげ》の夫人となる歌子さんである。生まれたばかりの子と妻を郷里に残しての京都行きであった。

渋沢らしいのは、京都に行く前に、父親の市郎右衛門に「藍玉の売り上げの中から二百両を使い込んだ」と正直に告白したところである。これから度々出てくるが、商人の息子らしく、渋沢は金勘定について誠にきっちりしていた。したがって、金の貸し借りで揉《も》めたという話が全く聞こえてこない。

父親は「使ったものはしょうがない。どのみちお前が財産を引き継ぐのだから」と何も文句は言わなかった。それどころか、「京都に行くにあたっては、これを使ったらいいだろう」と百両をくれた。女中の給料が一年で三両といわれる時代の百両である。今でいえば一千万円以上の額に相当するだろう。当時の田舎の大地主というのは半端ではない金持ちだったのである。

## 倒幕一転、一橋家の家来に

こうして京都に行くことになったが、栄一と喜作の二人が故郷を立ち退いたことも、すでに関八州取締役の耳に入っているらしいと教えてくれる人がいた。これは丸腰の百姓姿では危ないと、二人は武士の恰好をしていくことにした。しかし、それだけでは足りないというので、一橋家の用人・平岡圓四郎《えんしろう》の家来になりすまそうということになった。言うまでもないが、一橋家というのは徳川御三家の一つである。

突然に一橋家の名前が出てきたが、これは全くの思いつきというわけではない。栄一が江戸に出ていたときに交流した人の一人に、一橋家の平岡圓四郎がいたのである。栄一は金がふんだんにあったから、おそらく交遊はかなり派手だったのではないかと思う。また、栄一には付き合ってみるとすぐに人の信用を得る性格のよさがあった。

平岡氏もそんな栄一を見込んで、一橋家に仕えないかと誘ってくれたのである。そのときは「他にもっと勉強してやりたいことがありますので」と誘いを断ったが、それを思い出して一橋家の家来になりすまそうと考えたのである。

しかも、念には念を入れて、栄一は江戸にある平岡の家を訪ねていった。あいにくと平岡は禁裏守衛総督として京都にいる一橋慶喜《よしのぶ》について上京していて留守だったが、顔見知りの家来がいたので、「今度、伊勢参りに行くことになったのだが、途中何かと物騒だから平岡さんの家来ということにしてくれないか」と頼んでみた。すると、その家来は「主人が京都に出るときに言い残したことがある」と言う。何かと思えば、「渋沢が家来にしてもらいたいと頼んでくるかもしれないが、そのときはいつでも許してやって差し支えない。京都の滞在場所を教えて、そこに訪ねてくるよう申し伝えるように」という話であった。

百姓上がりで江戸に少し出ていたくらいの若者が一橋家の用人に見込まれるとはどういうことなのか不思議だが、とにかく、平岡という人は渋沢を是非とも家来にしたかったようだ。おそらく断られたときも、「気が変わったら訪ねて来い」と言ってあったのだろう。これは奇跡といってもいい出来事である。しかし、そのおかげで二人は大いに安心し、江戸で四、五日遊んだあと京都に向かって出発することになった。

京都に着いた栄一と喜作はまっすぐ平岡のところへは行かず、茶久という宿屋に投宿した。それから平岡に挨拶《あいさつ》に行き、しばらくは京都に滞在して有志を訪ねたり、二人で伊勢神宮に行ったりと暢気《のんき》に暮らしていた。

ところが、事件が起こった。江戸に残っていた尾高長七郎に倒幕の嫌疑がかかり、捕えられて江戸の牢屋に入れられたらしいという話が伝わってきたのである。さらには、捕まったときに栄一が長七郎に宛てて書いた手紙を持っていたため、栄一と喜作にも疑惑がかかっているというのである。

これはまずいと思っているところに、平岡から「すぐに来てくれ」と呼び出された。京都に来てすぐに挨拶に行ったときは、上京の理由について何も触れなかった平岡だが、今度訪ねてみるといきなり「どうして京都に来たのか」と聞いてきた。

栄一は腹をくくり、正直に一切を話した。

「なまじ話をしたら迷惑がかかると思って言わなかったのですが、誠に申し訳ありませんでした。実はこういう事情で来たのです」

平岡は言った。

「自分のところにも関東から報告が来ているから、だいたいのところはわかっていた。それに今、あなたが率直に話してくれたから事情は呑み込めた。だが、そうと知った以上、自分としては白々しく『渋沢は平岡の家来である』と偽って答えるわけにはいかない。しかし、家来ではないと言えばあなたたちは捕縛されるだろう。だから、どうしたものかと迷っている。そこでこう思うのだが、ここから逃げる道が一つある。これからあなたたちが郷里に戻って何をしようが、その過激な計画が成功する可能性はないだろう。ならばひと思いに一橋に仕えたらどうだ」

倒幕を画策していた人間を御三家の一つである一橋家に雇おうというわけだから、この平岡という人も変わっている。よほど開明的な人だったようだ。

「太閤秀吉だって草履頭《ぞうりがしら》から出世した。だから、下っ端でもいいから一橋の家来になってしまいなさい。そうすれば万事解決だ。実は慶喜公にも内々に申し上げて、お目通しくださるようにお願いしてあるのだ」

渋沢は「宿に帰ってからじっくり考えてみます」と言って、その場を辞した。しかし、いろいろ考えてみても他に逃れる道はない。今、平岡の申し出を聞かずに関東に戻されても犬死にするだけだ。安政の大獄の後でもあり、助かる見込みはなさそうだ。そしてもう一つ、自分たちが一橋家の家来になれば、監獄につながれている尾高長七郎を救う道にもなるのではなかろうか。

そういう結論に達し、渋沢は一転し、一橋家に仕える決心をした。

このようにして、二十三歳までは倒幕に燃えていた渋沢栄一は、二十四歳で江戸に出て、二十五歳で一橋家に仕える。このあたりが渋沢の持っている運の強さなのだろう。どうして平岡圓四郎という人がこれほどまでに渋沢を高く買っていたのかはわからない。実際、渋沢は一橋家のために大きな働きをすることになるが、この時点でそこまで見通していたとすれば、この平岡という人も特別な人である。そうした人との出会いを引き寄せたというのは、渋沢にとって幸運であった。

# 出世街道をゆく

渋沢栄一は一橋家に仕えることになった。幕府を潰そうとしていた人間が御三家の一つに仕えることになったのだから不思議な話であるが、いったん仕えると決まると渋沢は真面目に働き、十分に能力を発揮した。平岡は約束した通り、二、三日後に非公式ではあるが栄一を徳川慶喜に引き合わせてくれた。そして、四石二人扶持《ぶち》、京都滞在費が月に四両一分という低い身分ながら、正式に家来にしてもらうことができた。

渋沢はそのときのことを述懐して、こう言っている。

「正直に言って、百姓出身の人間が一橋家の家来になったのは得意であった」

ただ同時に、

「自分は尊皇の志を捨てたわけではない」

とも言っているように、心中は揺れる気持ちだったのではないかと思われる。

ともかく、一橋家に入ったことで命を救われたのは間違いない。渋沢はよく働き、すぐに頭角を現していく。渋沢の仕事ぶりは非常に目覚ましかったため、平岡もよく彼の意見を採用した。

ある日、こんな話が出た。一旦緩急《かんきゅう》あるときに備えて一橋家においても広く天下の志士を召し抱えておきたい。その人集めの役目を誰に担当させるかという話になり、身分は軽いけれども顔は広いし口も立つというので渋沢栄一（当時は篤太夫と名乗った）と渋沢喜作の二人が選ばれ、関東人選御用係を命じられたのである。今度は公然と、一橋家が扱う武器、浪人を集めに関東に下ることになったわけである。

当時は水戸藩で争い事が多発しており、多くの志士はそちらに行っていたため、応募者は少なかった。それでも一橋家の領内にある村を回って、見込みのある農民兵三、四十人を集めた。また、江戸では剣術使いを八人、漢学の書生を二人集め、総勢五十人ばかりをまとめて帰ってきた。

京都に帰ると、よく農兵を集めたと褒《ほ》められた。これは逆に言えば、京都の一橋慶喜の周辺に役に立つ人間がいかに少なかったかを物語っている。それを知っている平岡にしてみれば、渋沢栄一に任せればうまくいくだろうと確信していたに違いない。

渋沢はそんな平岡の期待に見事に応えた。

しかし、この渋沢のよき理解者であった平岡圓四郎は、文久四年六月、京都一橋邸で水戸藩士に暗殺されてしまう。

平岡の死によって渋沢栄一の運も尽きたかと思いきや、そうはならなかった。平岡の後任として用人筆頭になったのは黒川嘉兵衛という人だったが、この人もまた、渋沢の働きを見ていて「役に立つやつ」と評価していた。そのため、平岡同様、栄一も喜作もよく用いられた。

その年の九月には身分が御徒士《おかち》に上がり、俸給も八石二人扶持と倍になった。京都滞在手当ても月六両に増えた。さらに翌年にはまた身分が上がって十七石五人扶持となり、京都滞在手当ては月十三両二分になった。どんどん出世していくのである。

これは普通に考えれば異例と言わざるを得ないだろう。何が渋沢をしてこれほど短期間に出世させたのか。私はこの五十年来、ときどき思い出してはこの問題を考えてきた。そして得た結論は、渋沢にたぐい稀《まれ》なる実務能力があったとともに、彼に比して他の者たちがおそろしく無能であったのではないか、というものである。

当時の役人の大半は「さよう」「しからば」しか言えないような無能者たちばかりだったのである。それを如実に示す話がある。これは渋沢栄一が京都に逃げてきてから二年目の話である。一橋家は譜代大名ではないため、軍隊を保持していなかった。京都守護の中心的な役目を担っていたが、実際に警護の仕事をしているのは幕府から借りている二小隊ばかりの隊士たちであった。これは幕府の軍隊であるため、いつ取り上げられるかわからない。そこで下っ端役人の渋沢栄一が一橋慶喜に謁見《えっけん》して、「農民兵募集をやってはいかがでしょうか」と具申した。すると黒川用人も賛成で、他の人もいい意見だと賛成し、渋沢の意見が簡単に通ってしまったのである。

殿様の側近であっても、農民兵募集という案すら出せないレベルであったのだ。これなら渋沢が出世するのもよくわかる。

## あの手この手

この歩兵を集めに回った話も興味深い。

渋沢は以前にも関東人選御用係として務めを果たしているため、今度は徴兵の責任者である歩兵取立御用係に出世して、農民兵募集の役目にあたることになった。渋沢は早速、一橋家の領内を回って農民の中から屈強な者たちを集めようとした。しかし、これがなかなか難しかった。

一橋家の領地は関西の摂州、泉州、播州《ばんしゅう》にそれぞれ一万石、七千石、二万石がある。それに中国路の備中《びっちゅう》（今の岡山県）三万三千石などをあわせると十万石ぐらいになる。渋沢はまず備中三万三千石という一番石高の大きい領地に出かけて、兵隊を募集することにした。領地に入るときには少し威厳を持たせたほうがいいというので、槍持を連れ、合羽《カッパ》籠に乗って、「下にいろ」「下にいろ」とやって入っていった。

渋沢は備中の代官に会って、こう言った。

「村の次男、三男で志ある者は歩兵に応じるように庄屋に申し伝えてくれ」

すると代官は、

「私が言うよりも直接おっしゃったほうがいいでしょう」

と返答した。

そこで、庄屋付き添いのうえで村の者たちを陣屋に集め、兵隊が必要なこと、次男、三男で志ある者は参加してほしいことを訴えたが、誰一人として応募してこない。毎日毎日、同じように会って参加を促すのだが、庄屋は申し合わせたように「いくら言っても誰も希望者がありません」と言う。

普通ならば、このあたりで諦めてしまうところだが、渋沢には藍葉の買い付け交渉をしながら田舎回りをした経験があるから、農民たちの心理がよくわかる。庄屋たちの態度を見ていると、どうも何か裏がありそうに感じた。

そこで、何か突破口がないかと考えて、あたりで信用のありそうな人間を探して会ってみることにした。すると、興譲館《こうじょうかん》という塾を開いている評判のいい儒学者がいることがわかった。阪谷希八郎《さかやきはちろう》という男である。渋沢は、まずはこの阪谷先生に会おうと、事前に酒を一樽贈って「お目にかかりたい」と伺いを立てた。すると快諾《かいだく》されたので出かけていくと、大いに時局を談じた。渋沢には漢学者と談ずるだけの漢学の知識があり、江戸や京都で活動していたために国の問題を論ずる資格も大いにあったのである。

二人は意気投合し、今度は阪谷先生と主な弟子たちを自分の宿に招待して宴会を開いた。そこで大いに飲んで、またもや開港佐幕の得失や天下の形勢を論じた。塾に通っている青年たちは宴会も議論も大好きであり、また自分も何か天下のために仕事をしたいという気持ちを持っていた。そうした若者たちが次々と渋沢のもとに集まってくるようになった。

次に渋沢は、関根という剣術の師匠と親しくなった。一本手合わせを、ということで木刀を交えてみると、渋沢はさすがに千葉道場で腕を磨いただけあって、剣術の師匠に勝ってしまった。それが噂になって広まった。

「今度京都から来たお役人は、学問といい剣術といい、ただ者じゃない。学問では阪谷先生やその弟子たちと胸襟《きょうきん》を開いているし、剣術はこのへんで威張っている先生より強い。これは偉い人だ」

というわけで、志ある青年たちが続々と集まってきた。

間もなく、四、五人の青年がやって来て「是非京都に連れていってもらいたい」と訴えた。渋沢は「望みに任せて一橋家に奉公できるように心配りしてやるから、志願の趣きをしたためてこい」と言って下書きを書いてやると、彼らはその通りに写して願書を持ってきた。

ここからが渋沢の本領発揮である。再び庄屋たちを集めた渋沢は脅《おど》しをかけた。

「このごろずっとお前たちに対して一橋家のご趣旨《しゅし》のあるところを申し付けたが、誰一人として応募者がいなかった。ところが昨日、私の手元にこのような願書を持参した者がいる。わずかの間に私の接触した人間の中から四、五人も志願者があるのに、ご領内からは一人も志願者がないというのは不可思議千万である。まさか陰に回って邪魔をしているのではなかろうな。もしもお前たちが止めているのなら、断じて許さんぞ。私は殿様の命令を拒《こば》むような不届きな庄屋の十人や十五人殺すことはなんとも思っていない。グズグズするとひどい目に遭うぞ」

そして再び、なぜ兵隊が必要なのかを懇々《こんこん》と説くと、庄屋連中も正直に話し始めた。

「旦那様には恐れ入りました。実は御代官が私どもにこう言ったのでございます。

『一橋家も近ごろは山師みたいな者を雇うようになっている。だから従来はなかったおかしなことを考え出すやつもいて、代官所に言ってくる。だが、いちいちそんな話を聞いているのも迷惑だから、なるべく敬遠したほうがいい。今度の農兵募集なども、志願者が一人もいないと言えばそれで済むのだから、京都から役人が来たらそう言って断りなさい』と言われたものですから、それに従ったのでございます。実を言えば大多数の志願者がありましたけれど、その連中を戒《いまし》めて一人も希望者がないと申し上げたのでございます」

渋沢は推察した通りだと思った。裏があると思っていたら、やはりあったのである。

そこで今度は代官を呼んだ。

「庄屋を集めて話をしたが、申し出る者はいませんでした。また改めて庄屋には言うつもりではあるけれど、今回歩兵が必要であるということは殿様が深い思し召しがあって言っていることです。ご領内から一人も応募者がいないというのは、私の不行き届きもあるかもしれませんが、一面において代官としてあなたの薫陶《くんとう》の問題とも言えましょう。私は責任上、徹底的にその理由を調査して、その証拠を持って殿様に報告しなくてはなりません。あなたの身分柄、迷惑を及ぼすかもしれませんが、その点はよく考えておいてください。念のため、言っておきます」

そう言われて脛《すね》に傷を持つ代官は困ってしまった。そして、

「常々厳重に薫陶しておるのでありますけれども、今度は一層徹底させるようにいたします」

と慌てて申し出た。

「ではよろしくお力添えください」

そして新しく応募をかけたところ、あっという間に備中だけで二百人の応募者が集まった。その他、播州や泉州でも同じような調子でやると、総体で四百五、六十人を集めることができた。

農兵募集の成績を復命したところ慶喜は非常に喜んで、白銀五枚と時服（季節の着物）一重を下されたという。

小さいころから商売の道に入っていた渋沢栄一は、役人たちとは比べものにならないほどの世間通、人間通だった。人の気持ちを読むことに長《た》け、それを自らの役目に

上手に結び付けていった。無能な役人たちの中にいれば、いやでも光り輝かないわけにはいかなかっただろう。

## 自らを慎む

渋沢栄一がスピード出世していった理由は、以上に挙げたように、他の役人たちがあまりにもお粗末だったからであると思うが、それとともに、もう一つの理由が考えられる。それは私生活での工夫である。渋沢は育ちが育ちなので、地に足がしっかりとついていたのである。

すでに話したように、彼は京都へ逃げるとき父親から百両をもらった。しかし、まだ青年であったこともあり、最初は勝手がわからず宿代の高い宿屋に泊まっていた。しかも志士たちと付き合っていたから、たちまち百両を使ってしまった。そのため、親しい友人から三両とか五両とかの小金を借りて旅籠《はたご》代を払わなくてはならなくなった。最初から金の算段を考えていたら適当な下宿屋でもあたっただろうが、何しろ新米の書生だから、無一文になって初めて金のありがたみがわかった。

そのうち一橋家に仕えて、安いけれども給料をもらえるようになった。そのときに義理のある借金が二十五両あったという。そこで渋沢喜作と二人、この借金を払おうと徹底的な簡易生活を始めた。まず炊事は喜作と二人で代わる代わる担当する。そのころは、相当貧乏な男でも料理の支度をするぐらいの女を雇えた時代だが、それもやらない。最初はなかなか満足に飯も炊けなかったけれど、菜っ葉でも大根でもなんでも自分たちで買ってきて料理した。また、布団《ふとん》も二人分買うと高くつくので、一人分だけ買って背中合わせに寝るようにした。

そういうふうに節約をして、二人がもらう四両一分の手当の中から半分ぐらいを借金の返済に回したところ、半年かからないで二十五両の借金を返してしまった。そうすると、今度は金を貸したほうの見方が変わってくる。もともと書生に金を貸したのだから返してもらう気はなかったのに、二人はわずかの給料を倹約して返してきた。当時の書生はだいたいがズボラであったろうから、これは評判になったはずである。こういうところからも、「渋沢という男は若いけれど大したものだ。あの男は信じても大丈夫だ」という評価を得たのではないかと思われる。

あるとき、黒川用人が渋沢の働きに報いようと、女性を手配して渋沢を祇園《ぎおん》の店に行かせたことがあった。ところが渋沢は「自分はそんな人間ではない」と言って帰ろうとした。店側としては上客である黒川の指示だから帰られては大変だと無理にでも引き止めようとしたが、渋沢は結局それを断って帰ってしまった。あとで黒川は「かえって悪かったな」と渋沢に詫《わ》びるが、この一件で渋沢の株がまた上がった。権力を預けても女遊びなどには使わない男だ、という信用を得たのである。

自ら慎むという態度はいつの時代も信用を増す大きなポイントになるものである。

## 際立つ経済的能力

兵隊の募集を無事に済ませた渋沢は、兵制の組み立てを考え、洋式訓練をして、急造ではあるけれども、ひと通り整った歩兵隊をつくりあげた。また、渋沢は領地を回って知り合い、あるいは見聞した立派な人間、親孝行な人、貞淑な女性などの話を黒川用人にして、「何かの形でお褒めの言葉でもかけてやったらいいのではないでしょうか」と具申した。その結果、十四人に殿様からのお褒めの言葉と褒賞が授けられた。特に興譲館の阪谷先生は呼び出して殿様に拝謁させ、塾に対して扶持まで出した。このため、領地では「渋沢が来てから一橋家の政治がよくなった」という評判が立つようになった。

さらに渋沢は、領地めぐりをしていたときに、それぞれの土地でとれる米や特産の木綿などが他の土地より安く売られていることに気づいた。あるいは、ある土地では硝石がよくとれるのに、その製造がうまくいっていないのではないかと思った。そこで、そういう経済的な意見も積極的に出していった。

すると、渋沢の言うことは今までの係の役人とは目のつけどころが違っていて役に立つと評価されるようになった。そして渋沢は産業経済の方面には大分明るいから、軍事より経済方面の仕事をさせたほうがいいだろうという意見が出て、農民兵の組み立ての仕事が終わると一橋家御勘定組頭という二十五石七人扶持、京都滞在手当月二十一両という職に就くことになった。これは一橋家では勘定奉行の次の地位であり、今の言葉で言えば一橋家の大蔵次官になったのである。

このとき渋沢は二十七歳である。二十四歳のときに江戸から逃げ出し、二十五歳で一橋家に仕えて、兵隊を組織し、二十七歳で勘定組頭となった。そしてこの年、つまり慶応二（一八六六）年八月には正式に幕臣となり、陸軍奉行支配調役となるのである。


勘定組頭になった渋沢は何をやったのか。一つは先にも述べたように、一橋家の領地からとれる米や木綿などが安く売られているというので、年貢米の売りさばき方とか木綿を売り方の工夫をして相場よりも高く売れるようにした。その結果、特に木綿の売れ行きは非常によくなったという。

さらに重要なものに、藩札の問題があった。藩札というのは、各藩が独自に出していた紙幣である。あるいは個人が発行することもあって、西郷隆盛が西郷札《さいごうさつ》というお札を発行したことはよく知られている（これは松本清張が小説にし、出世作となった）。

こうした藩札は他の領土へ行けば全然通用しないし、領土内でも何割掛けでしか通用しないのが当たり前だった。渋沢はこれではいけないと考えた。藩札を出す以上、藩札と引き換えるだけの現金を必ず用意しておくべきであるというわけで、藩札と引き換えるための現金を積み立て、その金は引き換え以外の用途には使ってはならないというきまりをつくった。つまり、藩札をいつでも現金に換えられるように徹底したのである。この改革によって、一橋家の領内では藩札が額面通りに通用するようになり、非常に便利になった。要するに、藩札が兌換《だかん》紙幣になったのである。

このときの経験は、後に明治政府が銀行をつくるときに大いに発揮されることになる。

## 思惑違いの出来事

このころ、渋沢の中では「徳川慶喜公を押し立てて自分の志を果たそう」という気持ちが大きくなってきた。

ところが、そんなとき十四代将軍家茂《いえもち》が急に亡くなり、慶喜が後継として将軍職に就くことになった。渋沢は慶喜が将軍になることには大反対だった。彼にとって徳川幕府は潰さなければならないものだし、幕藩体制はやめなければならないものだった。だから一橋家には将軍家にならないでもらいたいという強い思いがあった。

慶喜を押し立てて自分の志を果たすという渋沢の目論見《もくろみ》とは次のようなものだった。

渋沢は、幕府が潰れれば有力大名と公家が集まって豪族政治のような形になるだろうと考えていた。これは特に変わった考え方ではない。当時、すぐに御一新になるとは誰も思っていなかった。大西郷も、大久保利通も、岩倉具視も、それから島津久光も、豪族政治みたいな形で公家と武家が一緒になって統治を行うという公武合体論者だった。何しろ朝廷には兵隊が一人もいないわけだから、まずは朝廷直属の豪族政治へと進まざるを得ないだろうという見方が多数だったのである。強いて言えば、いち早く大名までなくさなければいけないと言っていたのは木戸孝允《たかよし》だったが、その論は空想みたいなもので、現実的とは思われていなかった。

渋沢もまた、公武合体を考えていた。そして、豪族政治が実現する場合、徳川一門を見渡すと、尾張にも水戸にも紀州にも仲間入りができるような人物はいないから、徳川家の代表としては、一橋慶喜が立つことになるだろう。そうなれば、幕藩体制をやめるという自分の志がかなうのではないか、と思っていたのである。

したがって、慶喜公が将軍になっては困る。そうなると、自分が潰さなくてはならない側に立つことになってしまうからである。しかし、渋沢の杞憂《きゆう》は無駄に終わることになった。確かに慶喜は将軍になったが、彼は自分が将軍になったら大政奉還しようと考えていた。そして、それができる人物は自分以外に誰もいないとわかっていた。後に渋沢は慶喜の口から直接そう聞いて、自分の浅はかさを反省している。さすがの渋沢も、そのときの慶喜の心中を察することはできなかったのである。

元治元《げんじ》（一八六四）年に京都で蛤御門《はまぐりごもん》の事件が起こった。朝廷は長州藩兵が御所に向けて発砲したことから長州征伐を決め、幕府に勅命を下した。長州征伐の総大将は尾張の殿様が任ぜられたが、これが一向に奮わず、幕軍は連戦連敗を続けた。これは大変だということで一橋公が憤然として決起し、自ら長州征伐の大儀を引き受けて成敗を一挙に決しようとされた。そのときに洋式の訓練を積んだ渋沢の歩兵隊はすこぶる有力なものとされ、「渋沢には先見の明がある」と慶喜から褒められた。ただ、このときは出陣間際になって大阪に滞在した将軍家茂が亡くなったため、結局、一橋公の長州征伐は幻に終わっている。

その後、慶喜は将軍になった。このころ用人頭の黒川も権力が衰え、水戸出身の原市之進という人が後を継いだ。慶喜の決意を知らない渋沢は、新任の原にも「慶喜公が将軍家を継ぐのはよくない」と具申した。しかし、その訴えはかなえられず、一橋慶喜は十五代将軍徳川慶喜になったのである。

## 新しい人生の始まり

黒川用人の後を継いだ用人頭の原市之進から、渋沢にこういう話が持ち込まれた。

一八六七（慶応三）年に万国博覧会がパリで催される。そのときに、慶喜公の弟の民部公子《みんぶこうし》（後の水戸藩主徳川昭武《あきたけ》）が代表として行くのだが、それに一緒について行ってくれないか。これは慶喜公からの直接のお声がかりである――。

この話が来たとき、渋沢は「飛び上がるほど嬉しかった」と言っている。というのも、渋沢はその志において行き詰まりを感じていたからである。幕藩体制を潰さなくてはならないと考えていたのに慶喜公が将軍となり、渋沢は心ならずも将軍の家来になってしまった。これは自らの初志に反することであるという悩みが大きくなっていたのである。そういうときにフランス行きの話が持ち込まれたから、大喜びで飛びついた。

このときの万国博覧会は、一橋家勘定組頭としての渋沢の仕事にはなんら関係がない。幕府がフランスと通商条約を結んでいた関係で、日本にいたフランス公使ロッシュが幕府に代表使節の派遣を要請してきたのである。その代表に民部公子が就くことになり、使節団には外国奉行がついていくが、遊学中は諸事万端手軽に行おうと、当初は人数も切り詰める予定だった。

しかし、民部公子お付きの水戸藩の連中は公子一人を外国に遣わすことを承知しない。それで仕方なくお供を七人つけることになったのだが、この七人はいずれも外国を夷狄《いてき》と呼んでいるような連中で、フランスに行っても西洋の学問を修めようという気は露ほどもない。お守り役には幕府の山高石見守《やまだかいわみのかみ》がいるとはいえ、水戸の連中がこんなことでは心もとない。そこで、人間的にしっかりしていて将来の望みもある渋沢を同行させ、万事任せてしまおうと慶喜は考えたのである。

一橋公は渋沢を完全に信用していた。渋沢に任せればすべてはうまくいく。兵隊を集めろと言えば集めてくるし、財政を任せればきちんと切り回す。だから、自分の弟を外国に出すときのお供として真っ先に頭に浮かんだのが渋沢だったのである。ただし、渋沢は元来尊皇攘夷の思想の持ち主だったから、果たして引き受けてくれるかどうかと心配したらしい。しかし、渋沢にしてみればこれは福音だったわけである。

こうして、ここに渋沢栄一の新しい生涯が始まる。一橋家に仕えるにいたる経緯もそうだが、いつも妙なところから運が拓けていく。こうしたことを考えると、人間というのは資質や努力も大切ではあるけれど、同時に運も必要だという感じが強くするのである。

第三章

# 運命を拓いた海外渡航

## カルチャーショック

当たり前のことだが、幕末の日本人にとって海外渡航というのは非常に稀な経験であった。したがって、海外に行くために何を用意すればいいのかがわからなかった。外国に行って帰ってきた新帰朝人というような人もほとんどいないし、さっぱり見当がつかない。

渋沢栄一にしても、それは同様だった。彼はひとまず、黒羽二重《はぶたえ》に小袖羽織《こそではおり》、緞子《どんす》の義経袴《ばかま》を用意した。それからまた、どんな貧乏人でも履かないような靴を買い、知り合いが横浜で手に入れたという中古の燕尾服《えんびふく》を譲ってもらった。これはホテルのボーイが使用していたもので、ボタンもチョッキも揃っておらず、しかも上着だけというなんともおかしなものだったが、そんなことすらもわからなかった。

慶応三（一八六七）年、パリ万博に派遣された使節団一行は、千トンほどのフランスの郵船アルヘー号に乗って横浜港から出発した。そのとき通訳として付いたのはシーボルトであった。

幕末・明治の日本人の海外渡航の話にふれると、当時の幕府及び日本と西洋先進国との差がまざまざと見えてくる。渋沢栄一は一橋家にいたころに外国に倣《なら》って歩兵隊を組み立てた経験があるから、兵制だとか医学だとか船舶機関といった分野で外国に及ばないことは十分理解しているつもりだった。しかし、いざ実物を目の当たりにすると、これはまた大変な文化的なショックを受けるのである。高杉晋作も上海あたりまで行って人生観を変えるような体験をしているが、渋沢も寄港地の上海で高杉と同じような印象を受けている。

上海にいる西洋人はいわゆる租界《そかい》に住んでいた。そこは上海の中では図抜けた高級な場所で、通りにはガス灯があり、街路樹を植えていて、道路は舗装《ほそう》されて平らであった。日本では石油ランプさえ珍しく、蠟燭《ろうそく》の明るさを競っていたころに、もうガスランプを使っているのである。また、電線で音信を伝えるなどバテレンのすることだと思っていたら、それがすでに上海にまで及んでいるのを渋沢は知った。

一方、シナ人が住んでいるところはどうかというと、道路は狭く、店は二階造りであるけれど軒が低くて間口が狭い。道路の両側には汚水がたまっていて不潔千万である。飲食店の店先で牛、豚、鶏、鷺などいろいろなものを煮炊きしているので、何とも言えない臭気が鼻をつき、辻売りの商人や駕籠《かご》かきや乞食などが口々に客を呼びながら群衆の中を行き交う様は全く吐き気を催すほどだ。

住民の中でも、金持ちはたいてい駕籠に乗っていくけれども、貧しい者は衣類に垢《あか》がついているばかりでなく、臭気ふんぷんという有様。そしてまた、シナの官吏《かんり》が兵隊を連れて歩いて回っているのを見ると、服装はでたらめで、なんとも粗末なものであった。そんなシナ人を西洋人はあたかも牛馬を駆使するが如く鞭《むち》を持って使っている。使われているシナ人のほうもそれを怪しまないのみならず、むしろ当然の如く心得ているらしい。

渋沢はこのような観察をし、西洋とシナの違いにショックを受けている。こうした情景を見た当時の日本人が、「自分たちはこうなってはいけない」と奮起したのは当然だろう。と同時に、それが日本人をしてシナ人に対する軽蔑心を抱かせた理由にもなったのである。

事情は香港に行っても同じようなものだった。アヘン戦争以前は寂《さび》れた漁師の島に過ぎなかった香港は、イギリス人が入植すると、山を開き、海を埋め、灯台を造り、面目を一新した。そして港は深く、どんな大きな船でも停泊できるようにした。島には平らな場所が少なく、海岸にはシナ人が住み、山手にはヨーロッパ人が住んでいる。高台の眺望は絶景で、ヨーロッパの都市と遜色《そんしょく》ない造りになっていた。

香港では使節団がイギリス人海軍司令長官を訪問して敬意を表すると、監獄を見学させてくれた。渋沢は、監獄の建物が広く、罪人の取り扱い方が罪の軽重に従って違っており、また囚人に仕事をさせているのを見て驚いた。さらに獄中には説教する場所があって、そこに罪人を集めて話を聞かせている。話の内容は道徳についてのもので、罪人を懺悔《ざんげ》させて悪意を戒め、善に導こうとするものであった。

「その懇切切実なるは全く感服の他になかった」

そう渋沢は書いている。

西洋にまで行かなくても、すでに上海や香港など西欧諸国が少し前に入り込んだ場所を見聞するだけでも、西洋が格段に優れていることを渋沢は実感した。

当時の日本人は、必ずしも外国が進んでいるとは思っていなかった。それどころか、むしろ日本のほうが優れていると信じている人が多かった。

しかし、実際に西洋文明を目にした渋沢栄一は、日本はヨーロッパに比べてダントツに遅れているという実感を抱いた。それは決して思い違いではなく、当時の文明とは西洋文明であって、それに比べればシナなど話にならず、日本も遠く及ばなかった。海外に出た明治の志士たちは、それを骨身にしみて味わうことになったのである。

それを考えると、近年しばしば見られる一神教国を軽んずるような論調も底が浅いように私には感じられる。確かに、その議論には現象的に見れば一面の真理はあるけれど、近代文明とわれわれが呼んでいるものの基礎がキリスト教文明にあることは、認めざるを得ない事実である。それを維新の人たちは痛感している。

彼らは皆、その愛国心においてはわれわれよりもはるかに強いものがあっただろう。愛国心の塊《かたまり》ともいえる彼らですら、彼我《ひが》の落差を強烈に感じている。それは単に大砲や船の大きさとか性能といった技術的なレベルの話ばかりではない。監獄のあり方に見られるようなシステムについても、西洋が日本に比べて遥かに進んでいることを思い知らされたのである。ついに海外に出ることのなかった西郷隆盛でさえ、監獄の話を聞いたときには感心しているのである。

ベトナム戦争が始まる前あたりまでは、アメリカ人は自国の文明に自信を持っていた。私は上智大学にいたからよくわかるのだが、アメリカ人の女性教師などでも「日本人にアメリカ文明を教えるんだ」というプライドを持っていた。

ところが、ベトナム戦争が泥沼化したころからおかしくなった。ヒッピーの出現によってアメリカの男女関係がめちゃくちゃになってきたという話が伝わってくると、それまで毅然《きぜん》として教えていた、たぶんプロテスタントだったと思われる女性教師たちが萎《しな》びてしまったように感じられた。

西洋文明がいつからおかしくなったのかを議論すれば、そこにはいろいろな考え方があると思う。ヒトラーのユダヤ人の殺し方とか、日本に原爆を落とすというアメリカのやり方なども、西洋文明の変質を表しているように見える。しかし、一般的に、あるいは社会風俗的に考えるならば、西洋文明が変質した時期はベトナム戦争後なのではないかと、私は考えている。

そして、それとともに日本も変わってしまった。その当時は上智のイギリス人教師がよく女子学生をイギリスに連れて行っていた。日本の女子学生がイギリスの個人住宅にホームステイすると、泊めた家の人たちがみんな感激したという。「日本の女性たちはいい時代のイギリス人みたいだ。音楽会に行くときにはきれいな恰好をして、決してジーンズなど穿《は》かない」と褒めていたというのである。

しかし、西欧の文明が変質し、退廃すると同時に、日本も大きく変わってしまった。むしろ最近の日本は、欧米の悪い面に引っ張られているような感じすらする。

## 古い習慣の弊害

渋沢にとって何しろ初めての海外渡航であるから、見るもの聞くもの、すべてが珍しい。そのため面白い話は沢山あるが、その中から渋沢栄一の興味をひいたいくつかの話題を拾い上げてみたい。

まず、イギリスとフランスの幕府に対する見方の違いがわかったという話。

上海や香港といったイギリスの植民地に使節団が行ったとき、向こうの代表者たちは日本使節団の代表である民部公子に面会しなかった。ところがフランス領のサイゴンに行くと、二十一発の祝砲によって迎えてくれた。幕府との関係が深いことから、非常に丁寧に扱ってくれたという。渋沢は幕府代表のお供で行っているわけだが、幕府に対するイギリスとフランスの扱いには明確な差があることを観察している。

スエズ運河を見たときにも、大いに感銘を受けた。その時点ではまだスエズ運河は完成しておらず、一行はスエズで船を降りてポートサイドまで歩かなければならなかった。そのときにスエズ運河を掘っているヨーロッパ人たちが自分や自国の利益のためではなく、国家を超越して世界人類の利益をはかるために働いている姿を見て感激している。

スエズから上陸した一行は陸上を進み、アレキサンドリアに到着する。当時、あたり一帯はまだトルコの支配下にあったが、行く先々で渋沢は考えている。どうして西洋は優れているのに、すぐ隣にあるトルコは遅れているのだろうか、と。そしてトルコの皇帝はハーレムに四百八十人の女を抱えているという話を聞いて、「文明の進んだヨーロッパの近くにありながら開化が遅れているのは、よくない風習を改めないからではないか」という感想を抱いている。

確かに、習慣にこだわると文明は進まない。今のイスラムなどもそうである。イスラムの宗教を批判する意図は全くないが、古い文明があったアフガニスタンやイランがどうして進まないのかと考えると、やはり古い習慣をいつまでも持ち続ける弊害というものに行き着いてしまう。伝統は大事なものではあるけれど、それを大切にするのはプラスになることばかりではない。マイナスの伝統というのもあるわけだ。

渋沢栄一にしても、維新の元勲たちにしても、幕府という長い間続いた古い習慣の塊のような体制に反発してきただけに、トルコを見てそれを強く感じたのではないだろうか。その点では、いろいろなゴタゴタはあったとしても、幕府・大名をなくして新生日本ができたという意味の大きさがよくわかる。

## 何を見ても驚くばかり

使節団の一行は、フランスに上陸すると、どこでも丁寧な接待を受けた。当時の特徴として、工場とか軍隊の行進などを見せてもらっているが、何を見ても感心するばかりである。面白いのは、勲章授与の儀式を見て感心していることである。

使節団一行は、カンボジアで手柄を立てた兵士が復員してきたとき、フランス皇帝自身が勲章を授ける儀式を見学した。まず驚いたのは、国民が見ている前で式が執り行われたことである。これについて渋沢は、

「誠に士を賞することを明らかにして、功を励ますこと公なる」

と感想を書き記している。国王自らが勲章を授けてくれるのなら、一兵卒に至るまで戦場に赴《おもむ》いて一命を軽んじて国家のために戦うであろうと感じたのである。

パリではナポレオン三世に会った。これは後年、渋沢の大いに自慢する出来事となった。「私はフランスでナポレオン三世と会ったことがあります」と渋沢が言うと、みんな驚いたそうだ。

これは年をとった人の特権とも言える。かつては「東條さんを知っている」とか「松井石根《いわね》さんを知っている」という人たちに、私も一目置いたものである。私自身も「ドイツに留学していたころはアデナウアーが首相であり、イギリスにいたときはイーデンが首相であった」というような自慢話ができる。年をとるということは、こういう意味では非常に嬉しいものである。

ナポレオン三世と会ったというこの話を渋沢は好んで使っていたらしいが、自慢したくなるのももっともである。渋沢がパリに行ったころはナポレオン三世の最高にいい時代だった。ナポレオン三世は後にプロシア（ドイツ）と戦争をして負けて評価を下げるが、この時期までは伯父の大ナポレオン・ボナパルトよりも才能があるのではないかと噂されていた。パリのオペラ座をつくったのも、パリの市街を整備したのもナポレオン三世である。その意味で、渋沢は一番いい時代のパリを見たと言ってもいいだろう。

フランスにおいての表向きの礼はすべて外国奉行が行った。渋沢の仕事は民部公子の一身に関する事柄のすべてだった。その事柄とは書記と会計を兼ねたようなもので、日本に出す電信を書いたり、お守り役や専属の者に手当てを出したり、身の回りの雑品を買ったりなどした。まさにこういう男が必要だと徳川慶喜が見抜いて、「渋沢をつけておけば大丈夫だ」と言った通り、全くトラブルはなかったようである。そして片言《かたこと》ながらフランス語も話せるようになったという。

年老いてから出席したあるパーティーでフランスの大使と会ったとき、渋沢はフランス語で挨拶をしてみんなを驚かせたそうだが、それはこのときに覚えたものらしい。日本を出る前に大得意で準備した燕尾服を着る機会こそなかったが、このフランス滞在では大いに貴重な体験を積むことができた。

肝心の博覧会はどうだったかといえば、東洋の部では日本の出品が最も陳列の場所を広くとって、一番人気であった。いつ行ってみても人垣ができていて、容易に見ることができないぐらいだった。「どんな値段でもいいから、着ている着物を売ってくれないか」と頼んでくる人がたくさんいた。アジアの中では出品物が全部揃っていて素晴らしいのは日本だけであったというようなことも書いてある。

実際、このときの博覧会には日本のいろいろな文物を出品した。珍しい物品も数多く含まれており、ヨーロッパの芸術家たちにも多大なインスピレーションを与える結果となった。

もっとも博覧会の様子など渋沢には関係ない。単なる一体験に過ぎなかった。むしろ興味深いのは、会計を担当していた渋沢に助言をしてくれた人と巡り合ったことである。それはフロリヘラルドという名前の、パリの帝国名誉領事にもなった人であった。

この人が、渋沢に資金を運用する方法を非常に親切に教えてくれた。「お金をお金のまま持っていてもしょうがないから公債でも買ったほうが有利ですよ」と教えられた渋沢は、預かり持っていたお金でフランスの公債を買った。さらに、公債よりも鉄道株のほうが有利だと教えられると、公債を売って鉄道株を二万円ぐらい買った。

渋沢は公債とか株というものがあるのをここで初めて知った。しかも、それは預けておくと増えるというから驚いた。おそらく、公債や株の運用をした経験のある日本人はそれまでいなかったのではないだろうか。渋沢は子供のときから家業の中で経済を学び、一橋家でも大蔵次官のような仕事をしていたから、これにはピンと来るものがあったようである。

そのうちに日本では明治維新になるが、そのとき運用の成果を計算してみると、正当な利子のほかに運用益が五百円ほど出たという。これは単に目で見ただけではなく身をもって経験したことなので、渋沢にとって後々にまでつながる非常に意義深いものとなった。

そして、渋沢が最も感心したことは、先にも述べた、誰もが平等であるという点である。自分が一橋家にいたころ、大阪の御用商人たちと会うと、武士である自分に対して御用商人たちはあたかも階級が違う人間に会うかのようにペコペコするばかりだった。「自分はもともと百姓だし同じ人間に変わりないから対等に付き合ってくれ」と言っても、態度は全然変わらなかった。

ところがフランスに来てみると、そんな区別が全くない。たとえばフランスで民部公子の教育監督を務めたビレットという人は政府の役人であり、渋沢に公債や株について教えてくれたフロリヘラルド氏は銀行家であるけれど、その二人を見ても全く平等であって、階級の観念は微塵もなかった。すこぶる調子よく、仲良くやっている。渋沢は、その様子にいたく感心している。

また、みんなが平等であるため、普段の生活の中で何をやるにしても物事が簡単に進む。これにも非常に感心している。たとえばパリで家を借りるときにロシア人の未亡人と交渉したが、この女性は未亡人だからといって全く卑屈になっている様子がない。それから、仕事関係にある人の間にも全然差がない。日本なら金貸しと幕府の役人の間には立場の違いからくる力関係が自ずと生じるが、それが全くない。これはどうしたことか、と驚くのである。

このような数々の驚きの体験は、渋沢の中で新しい世の中の姿として焼き付いていった。

## ヨーロッパ歴訪の旅

博覧会が終わると、民部公子はオランダ、ベルギー、イギリス、ドイツ、ロシアとヨーロッパ各地を回ることになった。そのとき、外国係の幕府の役人と民部公子付きの水戸藩士の間でひと悶着《もんちゃく》があった。水戸の連中が全員ついていくと言い出したのである。

しかし、民部公子はまだ子供であったから大勢引き連れて歩くのはいかにも仰々《ぎょうぎょう》しい。しかもお供の連中の大部分は、昔通りのちょんまげを結い、長い刀を差している始末だから体裁がよくない。だから、お供は二人だけにして、残った人はパリに留まって勉強でもしていてはどうか、という話になった。

すると、水戸の連中は一斉に不平を並べ立てた。

「われわれが民部公子についてフランスに来たのは異人の言葉を学んで真似するためではない。将軍家から民部公子のお供をして各国の状態を見てこいと言われたのである。是非お供して、列国の状態を視察しなければ役目が立たぬ。パリに留まって勉強をせよというなら民部公子は一歩も出さない」

これには幕府の役人も参ってしまい、民部公子とともに凱旋門近くにある貸家に住んでいた渋沢のもとに相談にやってきた。渋沢は話を聞いて、こんなアドバイスをした。

「水戸家からのお付きの連中が言うことを聞かないのなら、お守り役の職権をもって彼らに帰国を命じたほうがいいのではありませんか。乱暴するようなら取り押さえるまで。特に奉行やお守り役に腕力を振るうような様子があったら、帰国を命ずるのが一番いいでしょう。もし断然たる処置をとられるならば、私が彼らに同行して責任を持って日本まで送り返すことを引き受けます」

そして次にこう尋ねた。

「ところで、このたびほうぼう旅行されるのには、何人までお供を許す予定ですか」

お守り役が「三人までは連れていってもかまわない」と言うと、渋沢は「それなら話をまとめることができそうです」と言って、水戸の連中に談判して話をまとめてしまった。何も苦労して説得したわけではない。ちょっと頭を使ったのである。つまり、民部公子が行く場所によって同行する人を三人ずつに分け、みんながいずれかの場所に同行できるようにしてはどうか、と提案したのである。

そうしたら、文句を言っていた連中も簡単に納得した。裏を返せば、お守り役や外国奉行はこれぐらいのアイデアも持っていなかったわけである。同時に、「帰る」と言って聞かないやつに「帰れ」と言うだけの度胸もなかったのである。

話がまとまって、民部公子一行はオランダ、ベルギーを回りパリに戻ってからイギリスへ行くというようにヨーロッパ各地を回った。それが終わると幕府の役人たちは一足早く帰国の途に着き、パリには民部公子とお守り役と渋沢と水戸家から来た七人の十人ぐらいが残った。それに加えて、フランスに留学していた小出という少年がいて世話役をつとめていた。

渋沢はお付きの人に給料を渡したり、ちょっとした買い物をしたり、すべて自分でやっていたため簡単な通訳もできるようになっていた。フランスの経済事情も直接自分で尋ねて聞けるようになったと言っている。

渋沢はどこへ行っても何がしかの教訓を得た。いろいろな分野の工場や製作所、それから制度、軍事、大砲など、各国の情勢を驚きをもって見た。そのつど、それらはいずれも日本でやらなければならないことだと心に留めていった。

意外だったのは、マルタ島に行ったときである。イタリアのリボルヌというフローレンスの近くにある港から船を仕立ててマルタ島に渡ったら、そこにイギリスの軍艦が来ていて大歓迎を受けた。そして、軍艦の調練の様子とか大砲の連発、陸戦隊の戦いの演習などを見せられ、さらにはマルタ島の武器貯蔵所、ドック、製鉄所なども見学させてもらった。渋沢は、こんな小さな島ですらこれだけの兵隊を整えていることに感激している。

イギリスに行ったときも、いちいち驚くことばかりだった。ロンドン・タイムズの印刷所を見学したときは、二時間に十四万枚を刷るのを見て驚き、紙に対する関心を持った。後に渋沢が西洋式の紙を作る会社を設立したのも、ここにルーツがあるわけである。

イギリスの軍隊を見たときには、英国皇太子にお目見えした。その皇太子の弟が十六歳の少年で、勉強のために兵隊に加わって隊列の中にいた。兵役訓練期間中は高貴な身分であっても洋服も食べ物も普通の兵士と同じであるという話を聞いて、またもや感心する。

新発明の製品もいろいろ見せてもらった。大砲を乗せる車台の材木は樫《かし》みたいな堅い材木だったが、機械の鋸《のこぎり》で瞬く間に切断された。「その簡単なること、鋏《はさみ》で紙を切るようなもの」であった。しばらく見ているうちに数十の車輪その他ができあがったと驚いている。このころ日本では手で鋸を挽《ひ》いて木を切っていたのだから、無理はない。

バンク・オブ・イングランドでは地金の積み置き場とか紙幣を作るところを見学した。金銀が置いてある場所を見て「あたかも丘のようだった」と感想を記している。

また、小さな鉄の車で地金を運搬して、それを溶かして板金を作るのを見たり、紙幣は極めて精緻《せいち》にできており、その方法も厳密であるのを見て、本当にこの国は金持ちだとほとほと感心している。

ヨーロッパのどこへ行っても、何を見ても、感心した話ばかり書かれている。

## 大政奉還の知らせ

この年（慶応三年）の暮れ、将軍が政権を朝廷に返上したという記事が新聞に掲載された。民部公子のお付きの人たちも、付き添いのフランスの軍人たちも、おそらくこれはデマに違いないと話した。フランスにいた日本人留学生たちも皆、半信半疑だった。しかし渋沢だけは、「おそらくこの報道は本当であろう」と思っていた。幕府は早晩潰れるはずだと思っていたから、渋沢に驚きはなかった。それより、これからの対策を立てなくては、と考えた。

渋沢とともにパリにいた外国奉行は栗本安芸守《あきのかみ》、すなわち栗本鋤雲《じょうん》である。渋沢は栗本に言った。

「幕府が倒れれば、民部公子の留学資金の調達は困難になる。しかし将軍が朝廷の命に従って恭順の意を表している以上、民部公子が急いで帰国したところで別にやることもないでしょう。せっかくだから、民部公子には十分勉強してから帰っていただいたほうがいいのではないでしょうか」

栗本もそれに同意した。ただ、問題は滞在経費をどうやって捻出《ねんしゅつ》するかである。

熟慮の結果、経費節約のために、水戸家のお付きは二人を残して帰国させ、パリに残るのは民部公子と渋沢、世話役の少年とお供二人の五人とすることに決めた。当面の費用については、渋沢が貯えていた金があった。博覧会参列の経費はすべて幕府の外国係から出ていたが、その仕事が終わってからは、民部公子のパリ留学のために毎月五千ドルずつが幕府から送られてきていた。

渋沢は事務を担当していたから、倹約の必要性を敏感に感じ取り、日頃から倹約に努めていた。そして、その年の十二月ごろまでに二万両ぐらいの貯金をし、さらに公債と鉄道株を買い求めて万一の用意をしておいたために、すぐにお金で困ることはなかった。先を読んで早めに準備を整えておくというのが、いかにも渋沢栄一らしい。

新政府の外国係からは、王政復古となったからすぐに帰国せよという命令が下った。しかし、渋沢はその命令を無視した。

「十五歳の少年が大混乱のところに帰ったところで何ができるわけでもない。幸い民部公子はパリにいてごたごたの外にあるのだから、四、五年留学させるように取り決めたい。幕府が潰れた以上、あなたも仕事ができないだろうから、早く帰って、そのうえで四、五万の金を送ってくれるようにご配慮願いたい」

栗本鋤雲に繰り返しそう言って、民部公子がそのままパリに留まれるように取り計らった。

また、幕府から命じられてフランスやイギリスに来ていた二十人ばかりの留学生の帰国の旅費を、なんの義理もないのに予備金から支出して、引き揚げる手はずを整えてやった。そのときの留学生には、林董《はやしただす》（後の外務大臣）、外山正一《とやままさかず》（後の東大教授）、『西国立志編』を書く中村正直、川路太郎などがいたが、みんな帰国の旅費がなかったので貨物待遇で帰ることになっていた。つまり荷為替《にかわせ》附で帰る予定だったのである。

しかし、さすがにそれでは情けなかろうと思った渋沢が、旅費の工面をしてやったのである。

明治元年の三月ごろ、栗本鋤雲が日本に帰国した。そして幕府の勘定方に掛け合い、五月ぐらいまで月五千ドルをフランスに送金する算段を整えた。これは留学生の使節を帰しても、なお二年は十分に滞在できる金額であった。たとえ送金がなくても、小さい家に引っ越して、人数も民部公子と渋沢とあと二人ぐらいにすれば、四、五年は滞在できそうだと渋沢は考えた。

そのうえで郷里の父に手紙を書いて、万一の場合はどうか金を送ってほしいと頼んだ。すると父親から手紙が返ってきた。そこにはこう書かれていた。

「徳川家に恩顧を受けた以上は、徳川家のために尽くすのは当然である。家の財産を売っても、できるだけ多くの資産を送る」

ただし、実際にはその必要はなかった。結局、その年の九月に留学を終えて帰ることになったからである。

帰国のときもすべて渋沢が始末をつけた。どんなごたごたがあっても、渋沢がいるところ、金の心配はない。このことは、留学生たちも、幕府の役人も、皆が知っていた。渋沢という人間はあてになる、というのが彼らの評価だったに違いない。この絶大なる信頼は広く伝わることとなり、渋沢栄一をして新しい国づくりを急ぐ明治という時代の最前線へと押し出していくことになるのである。

# 第四章

# 強兵の前に富国あり

## 徳川慶喜との再会

帰国の船が香港まで来たとき、渋沢栄一は、会津が落ちたこと、慶喜公が恭順の意を表して静岡に蟄居《ちっきょ》していることを聞いた。渋沢はこれからのことを考えていた。自らも二十四のときに郷里を飛び出して以来、六年も帰っていない。まずは久しぶりに両親と妻子に会いに行こうと思った。

帰国後、その旨を知らせると、父親がわざわざ東京まで出てきてくれた。そして、渋沢が不在の間にあったいろいろな出来事を聞かせてくれた。

「お前、どうする気だ」

と父は言った。

「自分はもう函館にいる榎本の軍隊に行く気もなければ、新政府に仕える気もありません。せめて前将軍の隠棲されている静岡に移って、何か商売をするなり農業をするなりして、殿様の前途をお守りしようと思います」

と渋沢は答えた。

それを聞くと父親も安心して、「まあ、静岡のほうがうまくいかなかったら、いつでも帰ってきなさい」と言い残して田舎に帰っていった。

その後、二、三日して渋沢は久しぶりに郷里に帰って妻子と面会し、親類とも会った。そして三日ぐらい実家に滞在したのち、東京に引き返して静岡に向かった。

渋沢は静岡に暮らすつもりでいたが、周囲が放っておかなかった。まず声をかけたのは水戸の民部公子だった。

民部公子と渋沢の関係はフランス留学中の二年ぐらいではあったが、いつも側にいてすべての世話を焼いていたので非常に親密であった。留学先から帰国した翌年、水戸藩主だった兄徳川慶篤《よしあつ》が急死し、民部公子が跡を継ぐことが決まった。しかし、頼りになる人が周囲にいないし、藩内に騒動が多かったこともあって、水戸へ来て相談相手になってくれという話があった。そして、渋沢が小石川の水戸藩邸に民部公子を訪ねると、公子自らが依頼してきた。

渋沢は即答せず、

「私はお仕えしていた慶喜公がおられる静岡で一生を送ろうと思っています。まずは静岡に行って、前将軍様に留学中のご報告をしたうえでお返事いたします」

と答えた。

新政府は前将軍が蟄居している静岡藩に七十万石を与えた。老中の仕事は大久保一《いち》翁《おう》（後の東京市長）が全権を握ってやっていた。静岡に入った渋沢は宝台《ほうだい》院というお寺で慶喜公と面会を果たした。慶喜は謹慎中の身の上であり、外来の者には会わないことになっていたが、渋沢は民部公子のお供をしてフランスから帰ってきた人間であり、身分も低いから構わないだろうということで拝謁できたのである。

渋沢は慶喜公のあまりにも惨めな姿を見て、思わず涙が出た。宝台院というのは小さな寺で、自分が通されたのも六畳ばかりの汚い部屋だった。畳も粗末で真っ黒に汚れているところに、前将軍は羽織袴で座ったが、座布団さえなかった。しかし、それを悲しむような様子は一向になく、眉一つ動かさず、「昔のことは話すな。フランス留学中の話を聞こう」と、実に泰然自若《たんぜんじじゃく》として話された。

慶喜は、渋沢から見るととても立派な人である。将軍になったのも「大政奉還できるのは自分しかいない」という一点が理由であったし、奉還して将軍をやめても恭順の意を表して恨みがましいところは少しもない。そんな尊崇する慶喜公を讃《たた》えて、渋沢は後に八巻ぐらいからなる『徳川慶喜公伝』を作っている。また、その後の徳川家関係の財政その他はすべて渋沢が引き受けてやっている。このあたりにも非常に周密で計算がきっちりしていて、しかも徹底的に義理堅い渋沢の人柄がよく表れている。

そのうち投宿していた宿に呼び出しがかかったので藩庁に出ると、勘定所に行けと言われた。羽織袴では困るから礼服で行けと言われたが、そんなものは持っていない。仕方なく借着して行くと、静岡藩の勘定組頭を申し付けるという命令が下った。渋沢はこれが非常に不愉快だった。自分は民部公子から依頼された御書面を持参したのであり、その返事を申し上げることを約束して静岡に来たのであって、静岡藩に仕えに来たわけではないという気持ちだったからである。

「私はそんな役をやるつもりはない」

渋沢は断った。すると逆に、

「水戸への返事はこちらから出すから、お前は民部公子に返事をする必要はない」

と言われた。そして「藩庁では必要があって勘定組頭を命じたのだから引き受けろ」

という大久保一翁の言葉が伝えられた。

しかし、渋沢は辞令を投げ出して「そんなの引き受けるのは御免被ります。大久保さんによろしく」と言って、そのまま宿に帰ってしまった。

すると、また別の使いがやってきた。「腹蔵なく、考えるところを言ってくれ」と言うので、

「私が静岡に来たのは別に仕えようと思ったからではない。民部公子からよろしく復命するように言われたから来たのだ。それが今すぐ仕えろと言われては迷惑だ」

とはっきり答えた。すると、使いの者は「大久保一翁が直々に話したいと言っているから、是非一度来てくれ」と言った。

その言葉に従って渋沢が訪ねると、辞令をつき返された大久保一翁は怒っているど

ころか、「あんたが腹を立てるのはもっともだ」と言って、こう言葉を続けた。

「これは内部事情で言わないほうがよかろうと思ったから言わなかったが、実は前将軍から『是非、渋沢にやらせろ』ということだったのだ。民部公子に対しても『返事は自分が出すから渋沢はわざわざ報告に戻ることはない』と言われたのだ。

『渋沢は水戸家のほうからも是非来てくれと交渉されているようだが、渋沢を水戸に遣わすと、民部公子が慕っている人間であるから重く用いるようになって、その結果、水戸の心よからぬ人間の嫉妬を受けて身辺が危ないことにもなるだろう。だから渋沢は水戸家に仕える心がないとしても、水戸まで返事を持たせてやると危ない。そしてまた、自然と情愛も増して、民部公子を振り切って帰るということはできにくくなるのではないか』

前将軍がそう言われたので、他の重役とも相談したうえ、理財に長じているから勘定組頭に取り立てようという話になったのだ」

と大久保は内情を打ち明けた。

渋沢はそこで初めて、勘定組頭に取り立てるというのが慶喜公自身の考えであることを知った。しかも、それは渋沢の身の危険を案じてのことと知り、その用意周到な心遣いに感激した。結局、自分は藩に仕える気はないからと勘定組頭の役は辞退したが、慶喜公にお仕えするために静岡に残る決心を固めた。

## 日本初の株式会社「商法会所」

フランスに滞在しているとき、渋沢栄一は西洋の最も優れている点は何かと考えた。そしてそれは、大きな資本の会社があることではないかと思った。国を伸ばして兵を強くするにはどうしても商工業を強くしなければいけない。商工業を強くするためには、小資本では駄目で、どうしても大資本にする必要がある。そのためには株式会社のような組織をつくらなければならない。

これは渋沢が西洋を見て、そこで得た一番大きな収穫である。とにかく当時の世界は弱肉強食であり、国力が強くなければ何もできなかった。国を強くするには軍事力が必要不可欠だが、軍事には膨大《ぼうだい》な金がかかる。軍艦でも大砲でも大砲の弾でも、すべてに金がかかる。だから、軍事力を整備しようと思うのなら、まず国が富まなければならない。「富国」でなければ「強兵」はできないのである。

では、富国にするためにはどうすればいいのか。それは商工業を発達させることだと渋沢は確信した。ところが、西郷隆盛はここに気がつかなかった。西郷さんは最後まで商工業の意味がわからなかった。本物の武士であるがゆえに、商工業を最後まで軽蔑するところがあったのである。

ただ、富国強兵にしても、商工業を強くするということでも、渋沢は本質的なところから整えていかなければいけない。大きい会社をつくらなければ、大きな船はつくれない。渋沢はそう考えた。当時の日本には小資本の組織ばかりだったから、まずは資本を集めなければならない。これがいわゆる渋沢の「合本主義」という考え方であり、この考え方のもとに設立されたのが「商法会所」であった。渋沢がつくった商法会所とは、見方を変えれば日本で最初の株式会社だったのである。

商法会所を設立するには、次のような経緯があった。

当時、明治新政府が太政官紙幣というお札を出していた。全国に流通させる目的で、各藩の申し込みに従ってこれを年賦で貸し付けた。静岡藩は五十三万両を新政府から借り受けた。

この紙幣について、渋沢はこう考えていた。

「どのみち今までの藩政ではやっていけそうもないし、そのうちに郡県制度にもなるだろう。そうなれば各藩で借りている金は政府に返さなければならない。しかし、金を使ってしまっていたら返すことができずに藩は滅亡する。だから、この借りた金は特別会計にして殖産興業の方面に用いて、その利益をもって返納金に当てるほうがよいだろう」

そして、目論見書を藩庁に提出して承認を得て、新政府からの拝借金を資本にして、明治二（一八六九）年一月、静岡の紺屋町に商法会所の事務所をつくったのである。そして、自らが頭取となり、十数人の商人たちを使って、銀行と商事会社を兼ねたような形の営業を開始した。

具体的な仕事の内容は、銀行的な業務としては、商品を抵当にした貸し付け、定期や当座の預金も扱った。また商業的な業務としては、鰊粕《にしんかす》や干鰯《ほしいわし》などの肥料類を買い入れて農民に売ったり、米の売買も取り扱った。途中、「商法会所という名義で藩の資本を流用して商業を営むのは朝廷の趣旨にもとる恐れがある。業務内容は現在の通りでいいが、名前だけは変えろ」という命令が来たため、名前を「常平倉」と改めたが、引き続き、株式会社方式で仕事を続けた。

これが非常にうまくいき、この調子なら二、三年もあれば基礎を確立できると思った渋沢は、静岡に落ち着くつもりで郷里から妻子を呼び寄せて、七年ぶりに一家団欒《だんらん》の生活を送るようになった。

ところが、この仕事ぶりが注目を集め、渋沢栄一は再び表舞台に引っ張り出されることになるのである。

## 大隈重信の説得

当時の明治政府は、とにかく人材を集めることが急務の課題であった。少しでも役に立つ人間なら誰でも欲しいと、函館に立てこもった反乱軍の榎本武揚ですら呼び寄せた。いわんや、渋沢という男は皆が不得意としている財政がよくできる。一橋公に仕えているときには軍隊まで整備した。民部公子のフランス留学中も金をきっちり管理し、関係ない留学生の帰国資金まで出してやった。こういう評判は新政府にもしっかりと伝わっていた。

さらに帰国後も静岡でうまくやっているらしいとなれば、「こんな優秀な人材を田舎に置くことはない」という話になるのは時間の問題であった。その結果、明治二年十月末、明治政府から渋沢を上京させるようにとの命令が静岡藩庁に下された。

しかし、渋沢は「明治政府に仕える気はさらさらありません」と大久保一翁に伝え、藩庁を通じて明治政府の要請に断りを入れた。ところがそのとき、慶喜公から渋沢に内々に次のような話があった。

「渋沢が新政府の御召に対して一度も上京せぬまま断りを入れると、いかにも藩庁が人材を惜しんでことさら引き止めたらしく思われて困る。それは朝廷の意思にもとることにもなる。だから我意を通さずに明治政府に仕えるようにしたらいいだろう」

大久保からそれを伝えられた渋沢は、それでも政府に仕える気はなかったが、慶喜公の御内意を承らないわけにはいかないというので、上京して政府の役人と話して態度を明らかにしようと思い、東京に赴いた。

政府の役人と初めて面談した渋沢は、いきなり大蔵省租税正という役目を仰せつけられた。当時の役人というのは非常に大きな権力を持っていたが、中でも大蔵省の役人の力は強大だった。その大蔵省の租税正といえば、税金をすべて握る役職である。

そのときの大蔵卿は伊達宗城《むねなり》という老齢の大名であったが、これはいわゆるお飾りである。実権を握っていたのは、大蔵卿の下の役職である大蔵大輔《たいふ》の大隈重信と、その下にいた大蔵少輔の伊藤博文だった。

渋沢は、どうして自分がそんな役職に抜擢《ばってき》されたのかと不思議に思った。後に明らかになったところでは、それはこういう理由であった。

大蔵卿の伊達宗城は四国のほうの大名で、松平慶永《よしなが》（春嶽《しゅんがく》）などと並ぶ指折りの賢君として知られていた。この伊達公の秘書長に郷純造という人がいて、この人は郷誠《せい》之助《のすけ》という後の財界の親玉となる男爵の父親である。この伊達公や郷純造が渋沢の噂を聞いていて、直接的には郷純造が推挙し、大隈、伊藤が承諾して租税正として迎え入れようということになったらしい。幕末の大名の間では、一橋家に入って財政をうまくやっている渋沢栄一の名はかなり知られていたようだ。

渋沢はひとまず辞令を受け取ることにした。これを突き返せば慶喜公の御内意にもとると考えたからである。しかし、もとより政府に仕える気持ちはない。そこで、一応受けて帰ったのち、改めて、大蔵省の実質的な実権を持つ大隈重信を訪ね、自分の意志を告げて辞退しようと思った。

「せっかくの御召しで役職をいただきましたが、自分には静岡でやりかけている仕事もあります。また、大蔵省の仕事は少しも経験がないため、ご期待にはそえないでしょう。だから辞職を許してください」

と、個人的に断りを入れようと考えたのである。

ところが、築地《つきじ》の大隈邸を訪ねると、「今日は忙しくて話をする時間がないから十八日に来てくれ」と言われた。そこで十二月十八日に再び大隈を訪ね、そこで洗いざらい事情を話した。しかし、さすがの渋沢栄一も大隈重信は説得できなかった。それまでは、だいたい自分の知識があればたいていの相手は説得できていたけれど、大隈には逆に説得されてしまった。そして結局、辞退できなくなってしまうのである。

渋沢によると、二人のやり取りは次のようであった。

まず渋沢が自らの事情を説明した。

「自分は少年時代から尊皇攘夷論者です。そして危ないところを一橋家の用人平岡圓四郎氏に助けられ、そのまま慶喜公に仕えることになりました。民部公子と洋行に出たのも、慶喜公の思し召しによるものです。私は譜代の臣ではないけれど、その関係はとても深いものです。だから私は慶喜公に生涯仕える決心をしています。静岡では商法会所を興して一生懸命やるつもりでありますゆえ、政府に仕えることは御免こうむりたいのです」

これに対して大隈は滔々《とうとう》と自らの考えを述べた。

「君の言うことはもっともだが、まだ若いな。心持ちだけはわかるが、頭の置きどころが間違っとる。今は封建政治がなくなって、国民悉《ことごと》く天日を仰ぐことができるようになった。しかし、君が前将軍の恩に報いるというのは結構だが、明治政府に仕えるのをやめるというのは天のためにならないのみならず、前将軍のためにもならないぞ。君が新政府に勤めたくないと言うと、前将軍が人材を惜しんで明治政府の意思を拒《こば》んだということになる。これはかえって迷惑をかけることになるのではないか。今の政府は、すべて新しくやり直していかなければならない。そのためには一人でも多くの人材が必要なのだ。

君は大蔵省の仕事に対しては何の経験もないと言うが、それは私も同じだ。伊藤博文だって何も知らない。今の状態は、我が国の神代のころに八百万《やおよろず》の神々が集まってご相談せられ、諸々を施設されたのと同様であって、衆智を集めて新しい政治を行おうとする場合である。君は幸いにしてフランスに洋行し、ヨーロッパの各地の状況を視察しており、財政事情の知識にも長じているから、是非中央政府に入って創成時代の立て直しに尽力してもらわなければならない。

静岡藩という小さな藩よりも、国のために尽くしたほうがどれだけ意義が深いだろう。静岡藩から役に立つ人間が中央政府に入ったということになれば、前将軍の肩身も広いではないか。前将軍の立場から見ても、君が政府に仕えることは、前将軍に対しても忠義の道を尽くすことになるのである。

また、君は殖産興業のために一身を捧げるということであるが、その根本が定まらなければ殖産興業などできるわけがない。根本というのは、貨幣制度、租税の改正、公債、合本法の制定、駅逓《えきてい》（現在の郵便）、度量衡《どりょうこう》などのことで、これらはすべて国の足元を固めることである。この根本を確立しなければ、到底実業の発達を期することはできない。したがって、君が殖産興業をやりたいというのなら、まずこの根本を立て直すことに努力するのがいいのではないかね」

実に見事な論法であった。これで渋沢は大隈に説き伏せられてしまった。相手のほうが一枚上手だったのである。

それでも渋沢は即答せず、「宿に帰って考えてみます」と言ったけれど、どう考えてみても大隈の言うことが正当だと思った。それで、ついに政府に仕える決心をしたのである。

## 改革、また改革

当時は太政大臣が岩倉具視、維新の三傑、西郷、木戸、大久保が政府の中心人物であった。新政府をつくるにあたって、とりあえず大宝律令に基づいてやってみようと、太政官からつくったのである。それと同時に、新しい海外の制度を取り入れようという姿勢があったのは賢明だったと言わなければならない。

大蔵省に勤めることになった渋沢は、大隈に一つの提案をした。

「大蔵省の内部組織の詳細はわからないけれど、自分の知る限りでは、役人は長官から下っ端に至るまで日々の雑務に没頭していて基本的な制度の改正をやっている暇がないようです。そこでまず、大蔵省内の改正事務だけを考える局を設けて、そこに有為《ゆうい》の人材を集めたらどうでしょうか。そして、諸般の制度を調査・研究して、実施するようにすればよいのではないでしょうか」

これには大隈も賛成した。

「自分も今のままでは新しい制度はなかなかできないと思っていた。早速やろう」と言って、直ちに太政官に省内の改革案を届け出て、即座に制度改革を断行した。渋沢が大隈から大蔵省の役職を押しつけられたのが十二月十八日、それを承諾してすぐに省内改革案を掲げると、十日も経たないうちに省内に改正係ができあがってしまったのである。さすがの渋沢もこのスピードには驚いた。後に渋沢は大隈のことを「よほど頭がよくて、果断決行の人であるという印象を受けた」と評しているが、こういう実行力を目の当たりにしたからだろう。

静岡で生涯を過ごす覚悟を固めていた渋沢は、一転、東京に戻ることになった。これを渋沢の家族は大変喜んだようである。静岡は全く縁のない土地であったし、やはり郷里の埼玉に近い東京のほうが暮らしやすいということだったのだろう。

自らの発案によって大蔵省の改正主任となった渋沢は、次から次へと改正を進めていく。同じころに郵便事業の改革を行った前島密《ひそか》は有名だが、渋沢は前島ともよく提携している。

渋沢を中心とした改正係は調査研究の結果を具体案にまとめ、大蔵省を通じてどんどん政府に提出していった。そのため大蔵省の権威はますます高まり、あたかも政府の全権を握っているかのようだった。その強大な大蔵省の全権を握っている大隈の勢力はすこぶる強く、各省を圧倒するような有り様で、嫉妬を受けることもしばしばだったようである。

こうした改正事項のうち特に重要なもの、すなわち公債、兌換《だかん》制度、金融制度、事務分司（事務局の種類）などを研究するため、大隈の直下にいた伊藤博文がアメリカ視察に出かけることになった。同行する人の人選を頼まれた渋沢は、文筆に達者な福地源一郎（福地桜痴《おうち》）や芳川顕正《あきまさ》（後の東京府知事、文部大臣）などを推薦した。

ところが明治四（一八七一）年になると大蔵卿の伊達宗城が老齢のため大蔵省を辞め、大久保利通がトップに就いた。そして大隈は参議となり、大阪造幣局長だった井上馨が大隈の後釜に座った。伊藤博文がアメリカに行っている間に、大蔵省の首脳陣が代わってしまったわけである。

渋沢を抜擢した大隈重信は去ったが、代わりに井上馨がやってきた。そして、ここから井上と渋沢の生涯にわたる密接な関係が始まるのである。

アメリカに渡った伊藤は、国立銀行、公債制度、その他諸官庁の制度など、有益な資料を送ってきた。それをもとに渋沢が担当となって制度改革の素案をつくり、さらに日本の国情に合わせた方法を研究していった。そして、伊藤が明治四年五月に帰国すると、善は急げとばかり、改革に手を付け始めた。

このような流れで、渋沢栄一は明治の改革の中心に立った。当時はあらゆる制度に改革が求められ、近代日本を築くためのさまざまな新制度が定められていったが、渋沢は財政部門の改革の中心人物となって活躍するのである。

## 廃藩置県を成功に導いた経営感覚

改革には当然軋轢《あつれき》も生じる。その最も重要な事件が明治四年の廃藩置県だった。廃藩置県とは大名をなくすという意味であり、さらに言えば、源頼朝以前に戻るという意味でもある。これを断行するにあたっては大きな問題が起こった。

廃藩置県の審議会が「御議事の間」で開かれたとき、その席には西郷隆盛、木戸孝允を中心として、大久保利通、江藤新平、後藤象次郎、大隈重信、井上馨など、維新のつわもの二十数人が集まった。このとき渋沢は大蔵大丞《だいじょう》になっていて、「御議事の間」の書記官の役目にあたる枢密権大使を務めていた。

「自分は書類を整理する立場ではあったが、間接的には自分の意見も聞いてもらった」

このときの様子を渋沢はそう回想している。

この会議の重要な論点は、君主の権限と政府の権限をどのように区別するか、ということだった。「今夜は重大な話し合いをするから、三条、岩倉の両公にご出席をお願い申し上げようではないか」という意見が出て、西郷に意見が求められた。すると、西郷は「まだ戦争が足りませぬ」と、なんとも意味不明の言葉を吐いた。もともと西郷という人は言葉数が少なく、議論しても結論しか言わない人であった。結論に到達する過程を何も説明しないため、しばしば誤解されるところがあった。

渋沢は井上馨に「戦争が足りないというのはどういう意味ですか」と尋ねた。すると井上は「いや、俺にもよくわからん。西郷はよくとぼけたようなことを言うけれど、何か深い意味があるに違いない」と首を捻《ひね》った。

それから数日経って、井上が「おいおい渋沢君、わかったぞ」とやってきた。「何ですか」と聞くと、「西郷の言った意味がわかった」というのである。それはこういうことであった。

西郷は万難を排して廃藩置県を断行する決心を固めている。ところが、これを断行するについては諸藩の中では反対を唱える者があるだろう。あるいは乱を起こして再び戦争になることがあるかもしれない。そういう意味で、「まだ戦争が足りない」と言ったというのである。

つまり、廃藩置県の大英断が最大急務で、これによって新政府の基礎が定まるのだから、君主の権限と政府の権限の区別を明らかにするのは後の話だ。とにかく廃藩置県を断行しろ。それをやってしまえば、君主の権限とか政府の権限などは自然と定まる、というのが西郷の考えだった。

確かに、君権というのは殿様の権利と政府の権利の話だから、これは西郷の言う通り、廃藩置県が完了すれば自然に決まる問題である。最初からそう説明すれば誰でも納得できるのだが、そこを言わないのが西郷たるゆえんである。「戦争が足りませぬ」だけだから、他の人間はいろいろと憶測し、真意を探りに行かなくてはならない。そうなると井上馨のように付き合いの長い人間が西郷のところへ行って、「どんな意味があるのだ」と聞いてくるのである。

渋沢は晩年に「維新の三傑を語る」という話をしているが、「西郷でも木戸でも大久保でも、何を言っているかわからないことがある。何を考えているのか奥が深くてわからないことがよくあった」と語っている。論語に「君子は器ならず」という言葉があるが、本当に西郷は器ではなかった。勝海舟のように実に頭の鋭い人がいたが、むしろ勝は器だったような気がするのである。

こうして廃藩置県が断行されるのだが、実際、これは大変な改革であった。何しろつい数年前までは殿様と家来という関係があり、殿様への忠義によって俸禄を得ていた下級武士が、それをすべてなくしてしまおうというのである。近年、選挙区の改革が行われたが、廃藩置県に比べれば、取るに足らない変化に過ぎない。

そんな大改革である廃藩置県がなぜスムーズに行われたのか。その理由の一つに、渋沢の経営感覚の鋭さがあった。というのは、先に述べたように各藩は藩札を出していた。その藩札の引き換えを政府がやらないと言えば、日本中が竹槍筵旗《むしろばた》になる恐れがあると渋沢は考えた。しかし、藩札をすべて引き換えると政府が予告すれば、今度は藩札の値が高騰してぼろ儲けするやつが出てくるに違いない。

これをどう収めるかと渋沢は三日三晩休まずに処分案を立案し、井上馨に提出した。このときの苦心は「実に一方《ひとかた》ではなかった」と渋沢は言っている。

渋沢が考えた整理の大筋とは、各藩が有する金と米の量、負債の現在高、藩札の発行高、租税の徴収の方法、それから藩のさまざまな事業の後始末、公債証書の発行などをすべて勘案して、まず借入れの年度によって区分けする。そして、発行日がうんと古い藩札は引き換えないことにし、維新前後に発行された藩札は新旧二種類に分けて、政府から公債証書を付与するというものだった。幸いに、この処分案を政府も承認したため、廃藩置県に関してゴタゴタはほとんどなかった。これが認められなかったとしたら、大騒ぎになっていたはずである。

こうした藩札の処分は赤穂藩の大石良雄《よしお》も行っている。大石は、お家取り潰しにつき赤穂城を明け渡すときに藩札をすべて整理してから明け渡した。赤穂藩が出していた藩札は藩が潰れれば紙切れになってしまう。そこで大石は、藩が所有していた現金によって藩札の清算をした。額面通りとはいかなかったが、引き換えるほうとしてみれば、藩がなくなれば紙くずになってしまうところが少しでも戻ってきたので納得できたのである。あの時代、こういう処分方法を考えられる人は非常に少なかった。特に武士であった大石がそれを考えたというのは、特筆すべきことと言っていいだろう。

## 民への慕る思い

省官庁の制度改革は、伊藤博文がアメリカで調査してきたシステムを日本風にアレンジして行われた。伊藤の調査は非常に的を射たものだったらしく、渋沢は賞賛している。

たとえば、簿記法の導入もその調査に基づいて行われた。渋沢は、大福帳を西洋式の簿記法に替え、金銭の出納《すいとう》はすべて伝票によって行うという改革案を出した。すると出納局長がえらい剣幕で、渋沢のところに怒鳴り込んできた。

「お前は西洋にかぶれて一から十まで真似したがっている。西洋、西洋と毛唐の糟《そう》粕《はく》を舐《な》め、改正法などといってろくでもない発案をしている。このたびも簿記法などというくだらない新法を採用して出納を行わせようとするから、かえって事務が煩雑《はんざつ》になり、過失ばかり多くなって困っている。こんな悪改正法は早速撤回されたい」

渋沢が言うことを聞かないと見ると、出納局長は「言葉でわからなければ、殴ってやるぞ！」と飛び掛かってきた。そのとき渋沢は三十二歳の壮年で、殴り合いになっても負けない自信はあったが、大人げないと思って身を避け、椅子を小楯にとりながら、「何をおっしゃる、ここはお役所でござろう。慎み召され！」と怒鳴った。

すると相手もハッと我に返り、拳《こぶし》を振り上げたまま困った様子で、「お前のようなわからない男には言葉を交わすのも汚らわしいわ」と捨て台詞を残し、ドアを荒々しく閉めて退散していったという。

簿記一つを導入するのにも、こういった強い反発があったわけである。

こういう役所の空気に嫌気が差して、渋沢は「やはり自分は民間で仕事をしたほうがいい」と思うようになった。それはまだ大隈が大蔵大輔を務めていたころだから、廃藩置県以前の話である。当時はまだ民間の実業界が形成されておらず、ぺこぺこと頭を下げて、儲ける口があればなんでも飛びつくような商人しかいなかった。実業組織がなく、それに従事する者もろくな人物がいないことを渋沢は憂慮していた。

「こんなことでは株式会社法をつくったところで国富を増進するなどできるわけがない。やはり自分が民間に下って実業界の第一線に立つより仕方がない」

というような意見を抱くに至ったのである。


渋沢は民間に為替会社、商社、廻漕《かいそう》会社などをつくらせて合本事業、要するに株式会社制度の端緒を開いた。しかし、なんといっても新事業で、役所の担当局にいる人も何をすればいいのかわからない。そのため損失ばかり多くなって、なかなかうまく進まなかった。あるときは大阪の実業家に会って話してみたが、誰も彼も卑屈なばかりで政府の役人には「へえへえ」としか言わない。学問もなければ覇気もなく、進取の工夫もない。事物の改良など思いもよらない。

そんな商人の姿を見ていると、自分がやればもっとうまくできそうだという思いがだんだん強くなってきた。政治の世界は反発ばかりあって面倒だ。自分は政治の世界で偉くなる必要はないし、また、そんな気持ちも全くない。ならば民間に下りたほうがいいのではないか、という思いがだんだん強くなっていった。

そして、大阪造幣局にごたごたがあり、事態の収拾のために大隈や伊藤たちと一緒に往復船に乗って出かける船の中で、渋沢は辞職の意を明らかにした。

「日本の経済界を見るに、商工業に従事している民間に指導できる人が絶無です。これではいくら株式会社の方法を教え、いろいろな金融の方法を教えても無駄でしょう。本当は大隈さんや伊藤さんに野に下って商売人となって指導者になってもらいたいけれども、現実においてできないでしょうから、私はこの際退いて、民間事業に身を投じ、及ばずながら率先してみたい。帰京したうえで辞表を出しますから、どうか聞き届けてほしい」

しかし、大隈も伊藤も渋沢を引き止めた。

「その志は大いに結構だけれど、今、君がいなくなったら大蔵省が困る。適当な時期が来るまで待てよ」

二人に強く慰留されて、渋沢は辞職の意志を引っ込めるしかなかった。


その翌年の明治四年に大蔵省の職制が変わり、先に述べたように、大蔵卿に大久保利通、次官に井上馨が就いた。渋沢は事実上、井上の次の地位に就くことになった。井上とは以前より親密で話も合ったが、渋沢はこのときも井上に辞めたいと申し出た。しかし、廃藩置県の直後で大蔵省は多忙を極めていて、井上は話を聞いてくれない。

「そんなことを言われては困る。相談相手がいなくなったら、どうすることもできないじゃないか。今は廃藩置県を断行したとはいうものの、本当の仕事はこれからだ。ますます君に手腕を振るってもらわなければいかん。こういう国家の重大なときに辞職するなんてことは賛成できない。実業界の発達をはかることはもちろん必要だが、これは国のためであるから、もうしばらく待て」

井上からそう言われた。

「井上馨という人は極めて機敏で見識も高く、一方非常に磊落《らいらく》なところのある面白い人だった。私をよく了解してくださったので、肝胆《かんたん》相照らすという感じだった」

後に渋沢は井上をそう評価している。そんな自分のよき理解者である井上の言葉に、渋沢は従わざるをえなかった。

## 大蔵卿・大久保利通との確執

一方で渋沢は、大蔵卿の大久保利通についてはどうも虫が好かなかった。明治四年九月ごろ、大久保がやってきて、こんなことを言ったことがあった。

「太政官の会議において、陸軍省の経費八百万円、海軍省の経費二百五十万円を定めることが決定した。これに対してどういう意見を持っているか」

もちろんこれは諮問《しもん》ではあるけれど、大久保の態度は「こういう決定をしたから異議はあるまいな」というような高圧的なものだった。その日はどういうわけか井上が不在で、居合わせた中では渋沢が一番上の役職者だった。渋沢にとって、この大久保の提案はムチャクチャなものに思えた。

というのは、当時の政府の財政状況は全く不確実であった。歳入予算は大体四千万円内外だったが、これは見込みであって明確なものではない。廃藩置県間もない時期でもあり、正確に把握のしようがなかったのである。歳入がこういう具合だから、歳出についても確定予算というものはなく、国庫に収入があればやるが、ないときは見合わせるという感じだった。

これでは何も先に進まないというので、渋沢は前々から財政整理を断行しなければならないと考え、井上とも相談して歳入の統計をつくり、その結果に基づいて歳出調節をしようと工夫しているところだった。それがまだできあがらないうちに、突如として陸海軍合わせて一千五十万円を出せと大久保は言ってきたのである。それを実行すれば、せっかく苦心して工夫している財政計画が目茶目茶になってしまう。だから、渋沢としては反対せざるを得なかった。

大久保は政府内で最も重きをなしていた人物だが、財政についての知識がない。大蔵省の実務はほとんど井上が実権を握ってやっていたから、何も知らずに無理を言っているのだろうと渋沢は思った。そこで、「一番年若ではあったけれども、大久保さんに対して反対意見を述べた」のである。彼は大久保にこう言った。

「財政というものは、大にしては国家、小にしては一家のいずれにおいても『入るを量《はか》りて出ずるを為す』というのが原則でなければなりません。国家が非常に豊かであれば、出ずるを為して入りを量ってもいいでしょう。しかし、今はそんな状態ではとてもありません。歳入の正確な統計もできないうちに、兵時は国家の大事であるからといって、いきなり一千五十万円という巨額をすぐに出すということはもってのほかであって、本末転倒です。統計ができあがって歳入額が明白になったら、おもむろに事の軽重を考えて、それに応ずる支出額を決定するのが当然と思います。

特に陸海軍の経費を承認したとなれば、他の省でも黙っていないでしょう。司法省では裁判所を早く建てろと言い、文部省では教育施設を早く建てろと言うし、各省先を争っての経費の分捕り合戦になるでしょう。これでは到底経済の法則が成り立ちませんし、会計の根源が定まりません。もし各省その他において、臨時やむを得ぬ経費が生じた場合は、どうしてこれに応じられるか、甚だ不安です。したがって、陸海軍の支出も、正確な統計ができあがったうえで決定していただくのがよろしいかと思います」

これを聞いた大久保は憤然とした。薩摩の人間は、何か相談したときにすぐにそれに答えてイエス・ノーを言われるのを喜ばない。その場においては「いずれ熟考したうえでお答え申す」といったん引き下がり、翌日になってから意見を述べるような傾向がある。維新の三傑と言われた大久保にも、この癖があった。

大久保としては、自分は会議にはかったうえで意見を述べているのであり、しかも、このとき居合わせた中には谷鉄臣、安場保和といった五十歳以上の分別盛りの人間がいたのに、三十を越したばかりの一番の若輩である渋沢が「入りを量りて出ずるを為す」などと意見したため、生意気だ、小癪《こしゃく》なやつだとカチンときたらしい。

大久保は気色ばんで言った。

「それなら渋沢君は陸海軍のことはどうでも構わぬという意見か」

渋沢は自分個人が非難されるのなら黙っていてもいいと思ったが、国の大事である以上、相手が大久保といえども沈黙するわけにはいかなかった。

「いかに私が軍事に通ぜぬとは申しながら、兵備が国家に必要であることは心得ています。しかし大蔵省で歳入の統計もできないのに巨額な経常費の支出ばかりを決定されるのは、危険この上ないご処置ではあるまいかと考えます」

と一歩も譲らない。そして、

「ご採用の有無は大蔵卿のご胸中にありましょうから、よろしくお考えください」

と言って、その場を退いた。

「陸海軍がどうなってもいいのか」という大久保の言い方は「腹の虫が承知しなかった」と渋沢は後に述べている。自分もかつては倒幕を企てたことがあるくらいだから、勤皇の志はある。新政府に対して決して悪い感情は抱いていない。しかし、当時の薩摩人の言動はいささか横暴であったようだ。意見を言えというから整然と述べたのに、それに耳を傾ける度量もなく、あくまでも権力を笠にきて横車を押そうとする。そのような浅薄な考えではいかんともしがたい。財政整理をして面目を一新しようとしてもこれでは駄目だと思い、渋沢は本当に辞めようと決意した。ただ井上馨とは特別な関係があるから、事前に打ち明けておく必要があると思い、井上の邸宅を訪ね、大久保とのやり取りの一切合切をぶちまけた。

「大蔵省の仕事も肝心の大蔵卿があんな態度では到底改革の実を上げる望みはありません。井上さんには誠に申し訳ないけれども、明日辞表を出しますから聞き届けてください。今後は実業界に入りたいと思います」

もちろん井上は大反対した。

「君が辞職を決心するのは当然だけれども、今大蔵省の重職にある君が急に辞職するのは穏当を欠く。私にも少し案があるから、しばらく待ってくれ。廃藩置県の実が上がり、一段落つくまでなんとか留任してほしい」

とはいえ本省の一番上の人間と喧嘩したあとでそのままそこには居辛いだろうから、さしあたり大阪の造幣局の整理でもやってくれと井上に説得され、渋沢はこのときも辞職を取りやめることにした。

大阪に造幣局ができたとき、最初に造幣局長を務めたのが井上馨だった。その次に伊藤博文が務め、伊藤が東京に転任してからは馬渡という人がやったけれども、事務が十分に整備されていなかった。渋沢は一か月あまりで造幣の事務から兌換券発行の用事まで整頓して、十一月ごろ東京に帰ってきた。ちょうど東京では岩倉使節団が海外視察に出ることになり、岩倉、木戸、大久保、伊藤など政府の中心人物全員がそのメンバーになっていた。トラブルの相手となった大久保の出国と入れ替わる形で、東京に戻ってきたわけである。

また、この年、渋沢栄一の父・市郎右衛門が亡くなった。明治四年は慌しく暮れていった。

## ついに野に下る

明治五年になると、渋沢は大蔵省の中で出世したような形になっていた。大蔵卿の大久保は洋行中のため、大蔵省の仕事は名実ともに井上が実権を握り、渋沢が補佐役の次官の立場になったのである。渋沢は大久保を怒らせた「入りを量りて出ずるを為す」という原則に従い、各省の政費を節約して剰余金をつくり、それを基金として紙幣兌換制度を構築するという意志を貫いた。

しかし、このころはどの省も新しい改革をやろうと考えていたため、大蔵省への予算要求は激増した。大蔵省が無い袖は振れないとばかり拒絶すると、大蔵省と各省との間に一種の権限争いが起こった。廃藩置県の当時から大蔵省は金の後始末をほとんど担当していたため、露骨に言えば、各省の参議が大蔵省に金をねだるようになっていたのである。特に司法省参議の江藤新平は井上馨と意見が合わず、常に攻撃の矛先を向けていた。

当時の太政大臣は三条実美《さねみ》で、参議は西郷、大隈、板垣といった人たちであった。西郷、板垣は藩閥で勢力はあったけれど、経済は何もわからない。大隈だけは、かつて大蔵省にいたから進んだ考えを持っていた。そして井上とも仲がよく、その主義も似ていた。

渋沢は各省からの要求を断り続け、逆に各省において政費を節約するよう要請した。

そして、全体の会計から歳入のいくぶんかずつを余らせて正貨で蓄積する努力を重ねた結果、二千万円ほどの余剰金が出た。渋沢はこれを基金として国立銀行条例を実施しようと考えた。国立銀行を建てて、そこでお札を発行する形を考えていたのである。これも伊藤博文がアメリカで調べてきた制度が基本になっていた。

その当時、外務大臣の副島種臣《そえじまたねおみ》が「台湾を征伐したい」と提言して、軍人がこれに賛成するというようなことがあった。しかし台湾と戦争をして勝ったとしても、内地の商工業をこれ以上衰退させるならば単に虚名を海外に売るだけだとして副島の建言は採用されなかった。それ以外にも、司法、文部ほかすべての省がそれぞれいろいろな提言をしてきたが、大蔵省は断固として意見を容れなかった。

すると今度は政府の使う経費の問題が発生した。毎年定額を支出しろという指示が政府から大蔵省に下ったのである。そんなことは不可能であるといくら政府に言っても、政府は大蔵省の意見を容れようとしなかった。特にそのときは岩倉使節団が海外に出ていたため、江藤新平や西郷隆盛などの発言力の強い人の意見を抑えられる人がいなかった。

そこで井上は「大蔵省の言うことを聞かないのなら、俺は辞める。明日からは出勤しないからな」と揺さぶりをかけた。政府もこれには困って、三条実美が再三のように渋沢の家にやってきて、「井上に出勤するように頼んでくれ」と要請してきた。このときは一応の弥縫策《びぼうさく》によって折り合ったけれど、翌年もまた同じ経費の問題が起こった。

井上と全く話が合わず、まさに氷炭相容れずという状況だった江藤新平は、次のように井上馨を批判した。

「井上というのはけしからん人物だ。各省の政治の費用を詰めることばっかり考えておって、自分が大蔵省を勝手に動かすのは実に不埒《ふらち》至極である。このまま捨て置いては、どこまで跋扈《ばっこ》するかわからん」

これはほとんど脅迫に等しい。この二人の確執を太政大臣の三条は心配したが、西郷と板垣は超然として「金のことは関係ない」という態度だった。井上にとっては頼みの大隈も、この問題では大蔵省を支持しなかった。

その結果、各省の経費増加を拒絶するという大蔵省の具申書は政府から却下されてしまった。それでも井上はわざわざ太政府に足を運び、「大蔵省の実にやむを得ざる所以《ゆえん》」を説明したが、参議たちは聞こうとしない。井上は「これは私を信用しない結果である」と失望した。

「もう一回政府に出て大隈さんに意見を述べる。それが採用されなかったら潔く辞職する」

井上はそう言い残して大隈に会いに行くが、大隈は井上の意見を聞き入れなかった。大蔵省に帰ってきた井上は、渋沢ほか主だった者を集めて、「俺は辞める。ついては後始末はよろしく頼む」と言って家に帰ってしまった。今度は渋沢も井上を引き止めることはできなかった。それどころか、彼自身も井上とともども大蔵省を辞する覚悟を固めた。

渋沢自身は、井上のように政府と衝突したのではなく、前から辞めたいと思っていたところに井上が辞めたので、ちょうどいいきっかけだと思って辞めたわけである。

「井上は辞めてもお前だけは大蔵省に残れ」と、三条太政大臣や岩倉大臣ほかが何度も止めに来たが、渋沢は慰留に応じなかった。

「井上さんが辞めるのはさることながら、私も思う仔細《しさい》がありますから、この際ともに辞表を提出します。ただ私が辞めたいというのは今日のことではなくて、すでに一昨年以来述べてきていることでありますから、井上さんもご承知の通りであります。しかるに、今日まで留任したのは、全く井上さんの財政改革の主義に感じて、その手腕を信頼して、少しでも力を貸そうと決心したことであって、今日に及んでその持論が行われぬこととなった以上、なんで大蔵省にとどまる必要がありましょうか」

そう言って、ついに大蔵省を辞めてしまった。


すでに話したように、渋沢栄一には二つの志があった。一つは幕藩体制を潰すことであり、これは大政奉還によって成し遂げられた。そして大蔵省を辞めた渋沢は、自らが定めた二つめの志、つまり商工業者の品格を引き上げ、その地位を向上させるという目標に向けて走り出すことになった。いよいよ本領発揮の時が来たのである。

第五章

# 産業育成にかける

## 論語の教えを実業の中で実践する

明治五（一八七二）年、大蔵省を辞めた渋沢栄一は、まず金融に手をつけた。金融こそ商工業を発展させる最も重要な要であると考えたからである。そこで、明治六年に株式会社第一国立銀行開業の手続きをとった。その前年にはすでに国立銀行条例が渋沢たちによってつくられていた。つまり、自らのつくった条例に則って、渋沢自らが第一号となる第一国立銀行を創設したのである。

同じ年、渋沢は東京抄紙《しょうし》会社という製紙会社をつくった。製紙会社をつくったのは、銀行ができても紙幣にする紙がないと困ると考えてのことだった。商工業の育成という大目的のために必要な準備を、渋沢は順を追って整えていったのである。

この話は何度も出てくるが、明治六年ごろの実業界というのは、まことに萎靡《いび》不振、つまり活気がなかったそうで、その程度はほとんど想像できないほどだったそうである。当時は官尊民卑の風が甚だしく、秀才は悉《ことごと》く官吏になるのを終生の目的としていた。書生の連中も全員官吏を志し、実業などと口にする者は誰もいなかった。口を開けば天下国家を論じ、政治を談ずるばかりであり、実業教育などあろうはずもなかった。四民平等という建前でありながら、商工業者は依然として素町人と蔑まれ、官員には絶対に頭が上がらなかったという。

渋沢は常々、ヨーロッパ留学の体験から「階級があってはならない」と思っていた。「役人であろうと町人であろうと、人格を尊重しなければならない。大事なのは国を富ませることであり、それが国を強くすることになる。そして国を富ませるためには商工業の発達がどうしても必要である」

これが彼の揺るがない信念になっていた。そして、「自分は政治には向いていないかもしれないが、商工業なら多少は自信がある」と考えていた。

渋沢の指す商工業とは、要するに小資本を合わせて大資本とする合本組織である。したがって、まずは株式会社法に基づいた組織の整備に力を注ごうと思った。渋沢はフランスで実体験を積んでいる。つまり、フランスの鉄道会社の株を買って儲けているから、株式会社がどのようなものなのかイメージができていた。また、静岡でも商法会所をうまく運営していたから、やれないはずはないと考えていた。

それとともに、とにかく商工業者の品位を高めなければならないと思った。そのために自ら率先して『論語』の教訓を実践して自ら範を示し、同時に民間の実業家の品位を高めようと決心した。

「論語は二千四百年前の古い教訓であるけれども、処世上最も尊い実践道徳であり、実業家の金科玉条《きんかぎょくじょう》となすべき教訓が山のようにある」

渋沢はそう言って、何かにつけて「論語にもとらないように」と教えていた。当時、道徳項目は論語が中心だから、論語を重視するのは当たり前といえば当たり前だが、それを実業の中でも揺るがせにしなかったばかりか、論語に基づく経営を積極的に実践したところに渋沢の真骨頂がある。論語の教えを実践する、知行合一を考えていたのである。

たとえば渋沢は、論語の次の言葉を挙げて教訓とすべきであると言っている。

「富と貴とは、これ人の欲するところなれども、その道を以てせざれば、これを得るとも処らず。貧と賤とは、これ人の悪むところなれども、その道を以てせざれば、これを得るも去らず」

（富だとか高い身分はみんなが望むことだけれども、道ならぬ道によってなすならば、そんなものは欲しくない。貧しいことや卑しいことは誰もが嫌がるけれども、貧しくても正しく生きているならその境遇に安んじていいではないか）

こういう精神で実業に励まなければならないと言うのである。

当時、渋沢栄一はこんなことを言っていたという。

「官吏は平凡でも凡庸でも構わないけれども、商人は賢くないといけない。商人が賢くなれば国は繁栄する。古来日本人は武士を尊んで、政府の官吏となることを無上の光栄と心得て、商人となるを恥辱と考えたけれども、そもそもこれは本末転倒である。我が国の急務は、一般人心をして努めてこの間違った考えから去って商人の品位を高くし、人材を商業界に向かうようにし、商業社会をして社会の上流に位置せしめることである。商人すなわち徳義の標本という域にまで達せさせなければいけない。自分は商業において経験が乏しいといえども、胸の中には論語がある。論語を以て商業を経営する」

ここには、かねてから考えていた実業界の編成にいよいよ乗り出そうという渋沢の強い決意が感じられる。そのための拠《よ》り所として、渋沢は『論語』の精神を活かそうと考えていたのである。

## 正義に基づいて経営を行う

江戸時代の教育は読み書きそろばんが主であった。大商人の家では、必ず子供に読み書きそろばんを教えた。したがって、番頭や手代になる人は必ず読み書きそろばんができた。ところが、読み書きそろばんの他に、江戸時代の学問には漢学があった。この漢学によって武士の倫理を教えたのである。そのため、普通の町人の家では漢学は教えなかった。町人が漢学などやると頭が高くなって商売ができないという発想があったのである。

ところが渋沢は、幸いにして田舎の庄屋に生まれた。代々続いている田舎の庄屋というのは大地主でもあって、商売もやるけれども、余裕があるために学問をやった。読み書きそろばんだけではなく、渋沢がそうであったように、剣道をやったり書道をやったり四書五経を読んだりした。それができる階級だったのである。

ただ、町人の手代や番頭にはそういう人間はほとんどいなかった。明治以後、実業界で伸びた人の非常に多くが慶應大学出身であったというのは、福沢諭吉が実業の重要さを教えたからにほかならない。だから明治以後の実業界の勃興は、江戸時代から続いていた大商人の番頭、手代がやったわけではない。みんな、それまで商売をした経験のない新しい人たちであった。つまり、新しい時代の商売というのは、武士と同じぐらいの、あるいは政府の役人と対等に付き合えるぐらいの教養がなければできなかったのである。

ところが、明治の初めごろにはそういう人がいなかった。だから、渋沢は自らが手本になろうと考えたのである。

なにしろ当時は、商工業に従事するもので文字（漢字）の素養のある者は極めて少なかった。越後屋や大丸という大きな老舗《しにせ》においてですら、多少文字の知識のある者を「四角な文字を知っている」と称して、なんとなくこれを危険視するありさまであった。他はおして知るべしで、儲けるためには不当な駆け引きをすることさえ恥じないのが商人であるという認識があった。

渋沢はそういう時代にあって、正義に基づいて商工業を経営すると断言した。そのため世間では、「渋沢はあんな偉そうなことを言っているけれど、実際商売を始めたらそんなことができるわけはない」と陰口を叩く人もいた。

しかし、渋沢は誠心誠意、自分のプリンシプルに従った。その後の五十年間の実業家としての自身の行動を振り返っても、「最初の決心から変わったことは一度もないつもりである」と明言している。これは実に大したものである。

## すべては日本の発展のため

谷沢永一先生から聞いた話だが、あるとき、三菱の岩崎弥太郎が渋沢栄一を招待したことがあったという。その席で岩崎は「あんたと俺が手を組めば、日本中の経済を一手に握ることができる。どうだ、一緒にやろうじゃないか」と渋沢を誘った。ところが渋沢は、「私は日本の経済を一手に握るために事業をやるのではない。なるべく多くの人が多くの事業に携われるようにしたいのだ」と言って、結局、物別れになったという。

岩崎弥太郎は確かに一代の英雄、豪傑である。三菱をつくるにあたっても、かなり荒っぽいことをやった。ところが、弥太郎が死んだあとの三菱では、渋沢と仲違いしたままではまずいと、渋沢になんとか仲直りしてほしいと申し入れた。すると渋沢は、本当にわだかまりなく、「ああ、それは結構だな」と三菱の申し入れを受け入れた。

渋沢にしてみれば、三菱が発達するのは好ましいことなのである。ただ、三菱と自分とが手を組んで日本中の経済を手中に収めようという考えには与《くみ》しない。それより、なるべくたくさんの人が事業に参加するのがいいという考えである。だから三菱がいろんな事業に手を伸ばすのは一向に構わないと思っていた。渋沢自身も後に三菱と手を組んで、日本郵船という世界一の郵船会社をつくっている。

渋沢の背骨を貫いていたのはただ一つ、「すべては日本の発展のため」という考えだった。自分のためでも、一会社のためでもなく、日本のため。この考え方が徹底していた。そして渋沢が偉大なのは、日本という抽象的な概念を大上段に掲げるのではなく、日本の商工業者という具体的な人々の品格を上げて商工業を繁栄に導き、その富によって日本という国を強くしようという明確な指針を持っていたところにある。彼は、富んで国が強くならなければヨーロッパと対等な付き合いはできないという、徹底的な体験に基づいた考えを持っていたのである。

## 国内第一号の銀行を創設

すでに述べたように、渋沢が大蔵省を辞める前の明治五年十一月に国立銀行条例ができた。これは伊藤博文が明治三年にアメリカへ行って銀行制度、公債制度、兌換制度を調べてきた報告に基づいてつくられた条例である。渋沢は大蔵省の改正係として、自らこの銀行条例を規定した。省内にはイギリスの制度を勧める人もいたが、最終的にはアメリカの国立銀行法を根拠とし、それに英国の制度を加味するような形になったのである。

そのとき、ナショナル・バンクという英語をどう訳すかというので、渋沢はいろいろな学者に相談している。「金行」とか「銀舗」とかいろいろな案が出されたが、結局、「銀行」になった。

国立銀行条例ができたことによって、渋沢は明治政府の為替方、つまり政府の為替を取り扱っていた三井組や小野組など大金持ちに対して、国立銀行の設立に参加するように呼びかけた。ところがみんな銀行の仕組みがわかっていなかったため、ほとんどは渋沢の呼びかけに応じなかった。その中で、三井組と小野組が率先して発起人になることを承知したので、この両者が中心になって明治五年に第一国立銀行が創立されたのである。

渋沢は大蔵省を辞め、自分がつくった法律によってできた第一国立銀行の総頭取になった。これはある意味では村上ファンドと似ている。村上世彰《よしあき》氏は通産省にいたときにファンド条例を制定する担当だったから、どうすれば儲かるかがよくわかっていた。それで通産省を辞めて自らファンド会社を設立したわけである。ただ、村上氏と渋沢栄一には決定的な違いがあった。それは志の置き所が国にあったのか、なかったのかの一点である。村上氏の志は国にはなかった。だから、つまずいてしまったと思うのである。

さて、第一国立銀行は当初、三井と小野の両財閥が連立内閣のような形で運営していた。ところが、どうしても両者の間がしっくりいかない。三井側の人は「頭取の渋沢は小野に味方する」と言うし、小野組では「渋沢は三井に味方して小野組には冷淡だ」と文句を言って、なかなかスムーズにいかなかった。

そんな中、銀行ができてから十二年経過した明治十七年に小野組が破産してしまった。三井組はどちらかと言えば保守的な経営をしていたが、小野組は非常に進取の気象に富み、実力以上の事業拡大をしていた。それが裏目に出たわけである。その華々しい仕事のやり方から小野組は資金が不足しがちで、第一国立銀行からも百三十万円ぐらいを貸し出していた。小野組の破産は銀行にとっては大打撃であり、日本に最初にできた銀行が潰れる恐れさえあった。

渋沢は、自分が失敗するだけなら別に苦労とは思わなかったが、この銀行が潰れたら日本の実業界の進歩が一気に止まってしまうと危惧《きぐ》し、なんとかこの危機を乗り切ろうと必死で努力した。

すると、渋沢が自分の地位を守るために動いていないというのは誰の目にも明らかだったから、みんなが協力を申し出てくれた。とりわけ、同じ小野系統ではあるけれども小野組とは関係のない為替方の小野善右衛門と、貿易方の古河市兵衛が献身的に協力してくれたお蔭で、結果としては三、四万円の損失で済んだ。

こうして第一国立銀行は小野組倒産による連鎖倒産の危機を乗り切った。そして、明治二十九（一八九六）年に国立銀行条例により第一国立銀行の営業期限が満了となると、株式会社第一銀行と改称し営業を続けることになった。

渋沢栄一の生涯は、そのまま日本産業発達史と言ってもいいぐらいのものである。メインストリートはもちろんのこと、脇道に入っていっても、渋沢栄一の名前をあちこちで見かける。たとえば、銀行の事業について言えば、日露戦争が起こる前の明治三十五（一九〇二）年に韓国で第一銀行券を発行し、これが韓国政府の公認紙幣として流通することになった。それ以前の韓国では清朝のお金しか通用しなかった。しかも貨幣経済ではほとんどなかったところに、渋沢が銀行を持ち込んだのである。そのため、韓国で最初に発行された十円札には渋沢栄一の写真が刷り込まれている。

韓国の事業で言えば、鉄道も渋沢が早くから進めている。韓国に鉄道は早すぎるのではないかという意見も多かったが、日露戦争の気配が漂い始めると、逆に、これは急がなければ大変だということになった。結局、戦争前に京釜《けいふ》鉄道という釜山《ふざん》と京城《けいじょう》をつなぐ鉄道ができて、この線路が日露戦争のときに絶大な働きをした。「渋沢には先見の明がある」といった徳川慶喜の見立ては誠に正しかったのである。

## 渋沢栄一の国際感覚

年をとるにつれて、渋沢はアメリカに対するウエイトを重視するようになった。これは非常に注目すべきことだと思う。

明治の日本は何と言ってもイギリスをはじめとしたヨーロッパの影響が強かった。

特に学者の世界では、ヨーロッパ帰りがヨーロッパを賞賛する雰囲気があった。しかし、最初にヨーロッパに行った渋沢は、その後アメリカの諸制度の研究などを通じてアメリカの重要性を感じるようになっていった。これは実業家としての素晴らしい洞察力であったと思う。

特に渋沢がアメリカ重視を唱えるようになったのは、その広大な土地と豊富な天然資源に着目したからであった。その当時の日本の大問題は人口の増加であり、天然資源が少ないことであった。一方のアメリカは、天然資源は多いが人口は少なかったから、日本からアメリカに移民すれば双方にとって大変メリットのある話ではないか、というのが渋沢の考えだった。

ところが、日本人移民の受け入れを拒否する排日移民法（一九二四年）の施行をはじめとして日米間にいろいろな問題が起こった。渋沢は、民間で互いの誤解を解くようにしなければならないと考え、排日運動の気運が高まっていたカリフォルニア州の主だった実業家を自ら日本に呼び、交流を深めようとした。それに応えて、向こうからも日本人を呼んでくれた。こういう草の根の交流が重要だとして、渋沢はずいぶん力を入れてやっている。

また、外国では民間交流が非常に重要で、外国から偉い人が来ると自分の家に呼ぶ習慣があった。それに倣って、渋沢は飛鳥山にあった自分の別邸を外国の賓客《ひんきゃく》を招待するために使用した。個人の家に呼ばれたとなると、その国に対する感じ方が違ってくるはずだと考えてのことである。こういう地道な活動をずっと続けていた。


彼は政治家ではなかったけれど、端から見ているだけでも、日本の政治の危うさをよくわかっていたように思う。だから大正十（一九二一）年のワシントン海軍軍縮条約のときには、心配のあまり、政府要員でもないのに齢《よわい》八十の老骨に鞭打って自らアメリカに出向き、各方面と折衝を行っているのである。

ところが、結果は渋沢の思う方向には進まなかった。当時の渋沢は、日本の繁栄は日英同盟の存続にかかっていると思っていた。とにかく日英同盟を持ちこたえるために、一番の努力を傾注しなければならないと考えていたのだが、その思いは日本の外務省には通じなかった。

ワシントン会議の全権大使は幣原喜重郎《しではらきじゅうろう》だった。幣原は政府に意向を問うことなく、期間満了となった日英同盟を更新せず、それに代わって提案された英米仏日による四カ国同盟に同意してしまった。幣原は戦前に中国に対して非常に柔軟に対応したというので戦後になって評判を得、総理大臣にもなった人だが、実は日英同盟を終わらせた張本人でもあったのである。

私は長らく、日英同盟が継続されなかったのはアメリカの圧力にイギリスが屈したためだと思っていた。ところが、岡崎久彦さんが調べたところ、イギリスは自らが結んだ同盟を自分のほうから断りたくないという意志を持っていたらしい。したがって、もし日本が四カ国条約に賛成しなかったら、そのまま日英同盟を継続できたのではないか、というのである。

ところが、幣原は訓令を仰ぐこともなく、提案された四カ国同盟を丸呑みしてしまった。これは外交上の大失敗であったと言わざるをえない。というのも、多数国同盟というのは同盟としての効力は無に等しく、単なる肩書にしかならないからである。それは今の六カ国協議が北朝鮮の意向一つで振り回されているのを見ればわかるだろう。

この幣原の独断によって、「外側から日英同盟を支えるようにしなければならない」と頑張った渋沢の努力は水泡に帰した。日英同盟がなくなると知ったとき、渋沢は号泣したという側近の証言があるが、これは実に鋭い感覚だと思う。

その後、渋沢は軸足をイギリスからアメリカに移すわけだが、アメリカとの関係をよくしなければならないと商工会議所同士の交流を行ったり、アメリカの子供たちに人形を贈るといった民間外交を一生懸命にやっている。

## 商法講習所の発展

渋沢栄一の功績として忘れてはならないのは、実業教育の普及に努めたことである。商工業を興すために、渋沢はまず商業教育が重要だと考えた。ところが、先にも述べたように、当時の人の感覚では学問をするのは官吏になるのが目的であって、商業教育を馬鹿にする気風があった。それを如実に示すこんな話もある。

渋沢が東京ガスの仕事を頼まれたとき、外国人技師を日本人技師に代えようと考え、帝国大学応用化学科出身の工学士を採用しようとした。渋沢がその人に「今は国の主導でガス事業を行っているけれど、やがては民間が経営することになる」と言うと、その工学士は突然、「入ることを約束しましたけれど、私は辞退します」と言い始めた。なぜかと聞くと、「私が学問をしたのは名誉を得たいからであって、民業には名誉はありません。民業に従事することは、私の学問した趣旨に反するから行きません」と答えたというのである。

こんな民間軽視の風潮が世間にあった。渋沢はこれではいけないと思い、商業教育を普及させて志の高い人材を育てていかなくてはならないと考えたのである。

渋沢は明治七（一八七四）年ごろ、アメリカ留学の経験のある森有礼《ありのり》から「アメリカの実業教育は非常にいいから日本でも是非ビジネススクールをつくれ」と言われた。森有礼は日本語廃止論まで唱えたような極端なアメリカかぶれのようなところがあって、アメリカのいいところをよく見ているのである。

渋沢もこの意見には賛成だったが、学校をつくる資金をどうするかという話になった。そのとき、いい案が閃《ひらめ》いた。松平定信時代に江戸の人たちに倹約を勧めて貯めておいた共有金が残っているのを思い出したのである。この共有金は江戸町会所が積み立てて保管し、維新後は東京商法会議所が引き継いで保管していた。会議所の会長を務めていた渋沢は、その共有金の中から資金を出してビジネススクールを建ててはどうかと考えた。それを聞いた森有礼は非常に喜んで、自分でも一万円ばかりを工面して商法講習所という小さな私塾を京橋に建てた。そこで商業教育の経験があるホイットニーというアメリカ人を雇い、三十人ばかりの生徒を集めて、いち早く授業を開始したのである。

ところが、森有礼が特命全権大使になってシナに派遣されることになり、学校の世話人がいなくなった。廃校にするには惜しいし、誰か経営を引き継ぐ人がいないかと渋沢のところに話が持ち込まれた。渋沢は官立の学校を設立するつもりでいたが、その計画がなかなか進まない。かといって、経費の関係で商法講習所を東京府立の学校にすることもできそうもない。考えた末に東京商法会議所が管理をし、経営を継続しようという結論になり、渋沢自身が管理責任者に就くことになった。

明治九（一八七六）年になると、今度は商法会議所の管理が東京商法会議所から東京府へ移され、銀座木挽町に新たな校舎が建てられた。校長には矢野という人がなり、経済的な世話は東京商法会議所が行うという取り決めになった。

しかし、すべての経費を賄うのは無理があったため、明治十二（一八七九）年、東京府議会に商法講習所の維持運営経費として五千円の予算を要求した。ところが、府会議員たちは自らに実業教育の知識がないため、金額を聞いて「そんなに金がかかるものはいらない」と要求を受け入れなかった。結局、半額の予算は認められたが、これではとてもやっていけない。いよいよ廃校にするかという話が持ち上がったそのときに、「双葉のうちに実業教育の芽を摘むようなことをしてはいかん」と渋沢が待ったをかけ、有志を説いて寄付金を集め、なんとか廃校を免れたのであった。

だが、明治十四（一八八一）年になるとまたもや府会議員が商法講習所は不要と言い始めた。しかも今度は採決が行われ、十二票の差で廃止することに決定してしまった。

渋沢は、農商務省に東京商法会議所会頭渋沢栄一の名前で意見書を提出して、なんとか商法講習所を残すように働きかけた。農業学校は重要だし、工業学校も重要だけれども、商業学校も重要だと農商務卿の河野敏鎌《こうのとしがま》に縷々説いた。それによって、ようやく一万円ばかり補助金を農商務省からもらうことができ、この難局もなんとか乗り切った。

その後も渋沢は各方面に働きかけた。東京府知事が募金活動に尽力してくれたこともあって、三万円近くの寄付が集まった。それを基金として直轄学校にするように政府関係者にも働きかけて、宮内省からもこの基金に対して五百円を下賜されるという思し召しがあった。

このような渋沢の各方面への運動が実を結び、明治十七（一八八四）年三月、商法講習所を東京商業学校と改称し、農商務省直轄の官立学校とすることになった。

その翌年、内閣制度が整備され、第一次伊藤内閣が誕生する。この日本で最初の内閣の文部大臣に、商法講習所の創立者である森有礼が任命された。これを受けて、東京商業学校は文部省所管となり、神田一橋に新校舎をつくって、明治二十（一八八七）年に高等商業学校と称した。これが後に東京商科大学となり、現在は一橋大学として続いている。

この商科大学の設立についてもひと悶着あった。帝国大学に法科、文科、理科、工科、農科とあるが商科がないというので、渋沢は高等商業学校を大学に昇格させようと考えていた。ところが、帝国大学に商科をつくれば高等商業学校はそのままでいいではないかという意見が大半だった。

この件については、三井の益田孝《たかし》も反対した。商人は威張ってはならないのに高尚な学問を授けるのはよくないという考えだったからである。

しかし渋沢は、実業家には見識が必要であるという意見だった。「舜《しゅん》も人なり、我も人なり」という考えがあってこそ、実業界は発達していく。踏みにじられても軽蔑されても利益さえ得られればいいという態度では、今後、世界の檜舞台に立って競争などできない。実業家だからなんでもかんでも人に譲るようでは困るのだと主張して、東京商業学校の大学昇格運動の第一線に立った。

文部大臣小松原英太郎は商科大学の必要性については反対だったが、渋沢の働きかけに最後は折れて、大正九（一九二〇）年に東京商科大学ができることになったのである。

## 慈善事業のさきがけとなる

渋沢は教育活動だけでなく、慈善事業にも尽力し、子供のための養育院をつくっている。当時は非常に捨て子が多かったらしい。養育院はあったけれど、子供専用のものはなく、病人も同時に収容する施設だった。したがって、そこには子供もいれば老衰者もいるし、一時病気で生活の道を失った人なども交じっていた。渋沢はこれを区別する必要があると考えた。

養育院に入院する子供の多くは捨て子である。捨て子を観察したところ、貧民窟《くつ》の子供に比較しても発達が悪いし、気の重いところがある。栄養不良が原因ではないかと思ったが、どうもそうではない。不思議に思っていろいろ調べてみると、愛情に飢えていたことが原因らしいとわかった。

世間一般の温かい家庭に育った子は、拗《す》ねる、跳ねる、甘える自由がある。泣くも笑うも自分の欲求を父母に訴えて、これを満たし、あるいは満たさんとする一つの楽しみがある。ところが養育院の子供にはそうした楽しみがなく、自由がない。誰に頼ろうとしても頼る対象がいないために自然に行動が不活発になり、幼いながらも孤独の寂しさを感じるようになる。それが子供の発育に大きな関係があるのではないかと渋沢は考えた。

そこで渋沢は、養育院に勤める書記の一人に父親の役目をさせて、毎日子供に煎餅《せんべい》やさつまいもなどを手渡しで与え、できるだけ触れ合うようにさせた。また、遊び相手にもなっているうちに、子供は次第に係の者を尊敬するようになり、喜びや悲しみの感情を出すようになっていったという。

養育院を設立・維持するにあたっても、始終金の問題が発生したが、渋沢はそのつど基礎を確立させるための金集めに奔走した。慈善活動というのは当時の日本では珍しかったが、渋沢はかつてフランスで見た慈善活動に倣って、それを行った。

「先進国ではこういう活動に非常に力を注いでいて、死後の財産も残らず慈善事業に寄付するという家もあるくらいだ。貴婦人たちは慈善会のためにバザーをやる。自分も昔、フランスでバザーというものに招待されたけれども、そのときは意味がわからなかった。あとから聞いたら、いらないものでも買って金を出すというようなわけで、ああ、そういうことをやって貧民を助けるのかと感心した」

こういう経験をもとにして、年とった貧しい人、行路病者《こうりょびょうしゃ》、あるいは捨て子や困った子供たちの施設をつくるために献身的な働きをして、先進国の慈善事業の形を確立していったのである。この根底に渋沢の人間平等の精神があったことは想像に難くない。

## 世界一の海運業へ印した第一歩

海運業界の整備も渋沢の成し遂げた仕事であった。西郷隆盛がまだ政府の重職に就いていたころ、軍事物資の輸送を一手に引き受けた三菱が大儲けをしていた。当時の三菱は、競争相手を潰して自社を大きくするという横暴を働いていた。渋沢は、それは正しい道ではないと大阪汽船をつくって三菱に対抗させたり、益田孝を誘って三井を動かして共同運輸会社をつくって三菱の独占をやめさせようとした。

するると当然のように三菱との間で熾烈な競争が起こり、一時は無料で輸送を引き受けるといった極端な値下げ合戦となった。しかし、それによって日本の海運業が衰退しては元も子もないという結論になり、三菱と三井が合併して、日本郵船という世界一の郵船会社をつくることになったのである。

外国との綿取引のために最初の外国航路となるボンベイ航路を開いたのも渋沢である。渋沢がボンベイ航路を開く以前にはピーオー（彼阿）というイギリスの会社が綿輸送を独占していた。そこに渋沢が乗り込もうとすると、ピーオーはタダ同然の値段で綿輸送をすると言い出した。

普通、ボンベイから神戸まで綿を運ぶ場合、一トンにつき十七ルピーの料金がかかったが、ピーオーはどんどん値下げをして、ついには一ルピー半にまでした。そこまでしても独占的な輸送の権利を手放したくなかったのである。一方、日本の会社はどうやっても十三ルピーかかるところを十二ルピーにまで下げたが、一ルピー半の相手とは競争にならない。しかし渋沢は「そんな料金で長続きするわけがない」と考え、「とにかく日本郵船に運ばせてほしい。これは日本海運の運命を決することなのだ」と綿を輸入していた三井やその他の紡績会社の幹部を説いて回った。

そのうちに、渋沢の読み通り、一ルピー半ではやっていけなくなったピーオー側が折れてきた。結局、運賃協定ができて妥当な値で折り合い、これによって日本の郵船会社が初めて外洋航海を始めることになった。日本はやがて造船で世界一になるが、その第一歩がここに刻まれたのである。

## 渋沢暗殺未遂事件の顚末

渋沢栄一は愛国者であった。しかし、狭量な愛国者ではなかった。次はそれを証明する一つの話である。

国産の技術によって東京に水道を引くという計画が持ち上がった。そのとき渋沢は、「日本ではまだ鋳鉄《ちゅうてつ》事業が発達していないから、水道管をつくっても必ず出来不出来があって水が漏れるに決まっている。だから水道を引くにしても当面は外国から技術を導入すべきである。そのときに一緒に作業をして外国の技術をしっかり学び、経験を積んでから日本独自のものをやるべきだ」と、徹底的に反対した。

何がなんでも日本製でやらなければ、という考えはなかったのである。

ところが渋沢は、この発言がもとで、鋳鉄会社をつくって儲けようと考えていた人間から暗殺されかかるのである。

それは明治二十五（一八九二）年十一月十一日である。大蔵省時代の一番の上役だった伊達宗城の病気見舞いに行く途上、江戸橋あたりの交差点に馬車が差しかかると、二人の兇漢《きょうかん》が左右から刀を抜いて現れた。そして、二頭立て馬車の一頭の馬の足を斬り、馬が驚く隙に乗じて窓ガラスを突き破って乗り込んで渋沢を殺そうとした。

そのとき渋沢はちょうど新聞を読んでいた。突然馬車が止まったので何事かと頭を上げると、この始末だった。しかし御者が非常に気のきいた男で、そのまま馬に鞭を打って馬車を駆けさせたので、幸いガラスの破片で左の手首にちょっと怪我した程度で済んだ。

このときは、しばらく前から腑《ふ》に落ちないことが身辺に起こっており、警視庁からも警護の護衛巡査をつけようという申し出があった。それを渋沢は一度断ったのだが、娘の亭主である穂積陳重が「やはり護衛は必要ですよ」というので平服の護衛巡査がついていた。この事件が起こったときも、その巡査が人力車で馬車の後ろからついてきていて、二人の暗殺犯を車夫と協力して捕まえた。

警察が暗殺者を尋問したところによると、どうも鉄道で儲けようとした連中が、国産鋳鉄の使用に反対している渋沢を脅そうとしたらしいとわかった。この自白に一番困ったのは鋳鉄会社の社長の遠武秀行という人であった。この人が暗殺者を遣わしたのだろうという噂が世間に立ったのである。

遠武氏は元海軍大佐で、後に実業界に入った人だが、渋沢とは以前からの知り合いだった。暗殺事件の数日前にも面会して、鋳鉄会社の件について激論を交わしたばかりだった。だからそういう噂が流れたのだが、渋沢は「遠武という男はそんなことはしないだろう。ああいう疑いをかけられたら気の毒である」と言って、わざわざ遠武氏を招待して、話し合いのために一席設けた。それで世間の人も「遠武氏が渋沢さんとまた会って料亭に行ったそうだ」と言うようになって、噂は立ち消えになった。本当に遠武氏が暗殺を企てたのかどうかはわからない。真相は闇の中となってしまったが、とにかく遠武氏を黒幕とする噂は渋沢の配慮によって消えた。

捕まった二人の暗殺者は監獄に収監された。一人は獄死し、もう一人はその後出所したが、誰にも相手にしてもらえない。それを気の毒に思った渋沢は、「その連中二人は、明らかに自分を殺そうとはしなかった。ただ驚かそうとしただけである。本当に殺そうと思ったら、馬の足など斬らないで、いきなり馬車を襲うべきである。だからこれはそれほど悪質ではない」と弁明してやったばかりか、驚いたことに、出所した男が生活に困っていると聞いて「小さな商売でもやったらどうか」と、ちょっとした資本を与えているのである。このあたりは渋沢の器量の大きさを物語っている。

しかし、この暗殺事件のきっかけとなった鉄の問題は、渋沢の予言が的中した。鋳《い》損じが多くて、どうしても引き合わず、埋没した鉄管を掘り出して外国製鉄管と取り替えなければならなくなった。そのため鋳鉄会社は大変な目に遭った。鋳鉄会社の役員が検査不合格の鉄管を夜中密かに合格の鉄管と取り替えるという事件を起こして訴えられたこともあった。渋沢の言うことの正しさが証明されたわけである。

このように、渋沢は国産品なら何でもいいと考えていたわけではない。国産品では駄目だと思えば外国で水道管をつくり、配管した経験のある技師を呼んでやらせてみて、それをマスターする必要があると考えていた。そういう長期的な視点で国内産業の育成を計画していた。急がば回れではないが、時に応じて最良の方法を選択することこそが真に国を富ませる道であると渋沢栄一は信じていたのである。

## 成功の秘訣は長い目で見ること

銀行をつくると同時に製紙会社をつくったという話は先にした通りだが、この製紙会社を軌道に乗せるのが大変だった。ここでも渋沢は粘り強く会社を育てていっている。

もともと日本には伝統的に紙漉《す》きの素晴らしい技術があった。しかし、洋紙がなかなかできなかった。そこで渋沢の書生をしていて王子の抄紙会社に入社していた大川平三郎をアメリカに派遣して製紙技術を習得させることにした。さらにはヨーロッパに派遣し、パルプ製造の方法を研究させた。それが基になって、国産のパルプ製造に成功するのである。この会社が現在の王子製紙の前身となる。

一番苦労したのは煉瓦《れんが》の会社だった。新しい講堂を煉瓦でつくるという計画があり、ドイツからビョックマンという建築の大家を呼び寄せて煉瓦のつくり方を教わることになった。それまで日本では天日干し煉瓦をつくっていたが、ビョックマンの製法では日光の力に頼らず、室内乾燥によって煉瓦をつくっていった。渋沢は、そのための工場を、いい土が出るという理由から埼玉県に建設した。しかし、いくら同じようにやっても煉瓦が思うように乾かない。それでも従来の煉瓦よりは大分いいというので意外に評判がよく、なんとか会社は持ちこたえたが、結果としては大きな負債を抱えるようになってしまった。

その後も不況が起こったり、大洪水で工場が浸水してしまったりといった困難が続いた。洪水のときには納期が目前に迫っていた建築用煉瓦が乾かず、煉瓦の置き場もないくらいだった。さすがに負けず嫌いの渋沢も「ああ、天道果して是か非か」と嘆いたが、自分が弱音を吐けば潰れるだけだと考え直して最善を尽くした。運転資金もすべて使い果たしてしまったが、それでも会社は潰さなかった。この煉瓦会社は長い間利益を上げられず、次から次へと増資が必要だった。

ところが、日清戦争が終わると鉄道の建設が本格的に始まり、また工業の発展に伴って工場をたくさん建設する必要が出てきた。そのため耐久性の高い煉瓦が求められ、それ以降は儲かる一方となった。増資に反対した株主連中も、所有していた株券を投げ出した連中も、手の平を返すようにして設備拡張を訴えるようになった。こうして、この煉瓦会社を軌道に乗せていったのである。

とにかくどの会社も苦労惨憺しているのだが、渋沢栄一は決して諦めない人だった。松下幸之助さんは「成功の秘訣は成功するまで続けること」と言っているし、実際、すぐれた経営者は皆それを実行しているが、渋沢栄一はまさにそれを生涯にわたってやり続けた。どのような会社においてもやり続けたのである。

どうしてそんな執着心を持ち続けることができたのか。渋沢栄一には先進国を見ているという絶対的な強みがあった。そのため、紙にしろ、煉瓦にしろ、セメントにしろ、あるいはビールや保険にしろ、「長い目で見れば絶対に必要になる」と確信していたのである。「絶対にこの産業は世の中から求められるようになる」という信念があったからこそ、「今は苦しくても持ちこたえていれば必ずうまくいく」と我慢できたのである。

それは、志の中心に国を置いていた渋沢栄一だからできた偉業であったと思う。そういう意味では、単なる経済人ではない。少年時代に心に抱いた憂国の情を具体的な形にして日本を正しい方向に導こうとした、まさに志士と呼ぶにふさわしい人物であったといえるだろう。

## まず世の中のためになることをせよ

渋沢栄一が求めたことは、今、彼が求めた以上に達成されている。現在では実業界の誰もぺこぺこ頭を下げるような商売の仕方はしていない。むしろ政治家のほうがぺこぺこしてお金をもらうような感じになっている。これは日本が戦争に負けて軍部や政府の権威がなくなったという理由もあるが、同時に、渋沢が一番心配していた商工業者の実業に対する意識の低さが克服されたためでもあるだろう。

もう一つ渋沢が非常に心配していたのは商工業者の道徳観念の低さであった。たとえば第一次大戦のときには、信義を守らずに粗悪品を輸出して儲ける輩《やから》がたくさん出た。渋沢はそれを本当に悲しんで、道徳の必要を強く訴えている。しかし、この点に関しても、いまやメイド・イン・ジャパンが高品質の代名詞になっているところから、克服されたと見ていいだろう。

むしろ心配なのは、日米関係が日本の外交の中心になっていくという渋沢の考え方が揺らぎ始めている点である。それはたとえば、民主党の小沢一郎代表や自民党の加藤紘一氏などが唱えている正三角論、つまり「日本と中国との関係と、日本とアメリカとの関係は等距離であるべきだ」という主張などに象徴される。しかし、米中両国が核兵器を持っているときに、何も持たない日本が両国と等距離の三角形のスタンスを取りうるわけはないのである。もし今、渋沢栄一が生きていれば、必ずや「まず第一に日米関係を中心としなければならない」と主張しただろうと私は確信する。

また、実業家の問題で言えば、商売のために国内の政治家や官僚に頭を下げることはなくなってきたが、対外的にぺこぺこする場面がしばしば見られるようになった。これは日本国内でぺこぺこするより、なお質が悪いのではないかと思う。

それから、渋沢栄一は新しい商売が起こることを大変喜んで、多くの人がそこに参加することを願っていた。したがって、たくさんのファンドができている近年の状況をきっと喜んでいるに違いない。ただし、堂々と拝金主義を掲げた人間がファンドを悪用して汚い取引をする風潮には警鐘を鳴らしたに違いない。

たとえばあの堀江貴文氏が「私が儲けるのは国の富を伸ばすことに目的がある」と口にするタイプの人間であったとすれば、彼に対する世間の見方は随分違っていたはずである。しかし、彼は「金で買えないものはない」と拝金主義の権化《ごんげ》のような発言をした。これは渋沢栄一が最も嫌った考え方である。

渋沢とも一緒に仕事をした浅野総一郎は、渋沢の意見をよく聞いてセメント会社や造船会社をつくって成功した実業家である。ところが、浅野総一郎は世間からはガリ亡者と言われて、非常に評判が悪かった。それに対して、渋沢はこう評している。

「浅野総一郎という人は非常に勘の鋭い人で、『この造船所はどのくらいの金をかけて何日ぐらいでできあがる』などと、その見積もりが抜群である。だから儲かるのは当たり前なのである。しかし、浅野氏は貧しい出なものだから、とにかくお金を儲けたいというのが先に来てしまう。儲けた後ではいいこともやっているのだが、それが後から来るものだから印象が悪い。だから、お金を儲けるのが第一の目的に来ないで、お役に立ちたいから儲けたいぐらいのところまでいったらよかろう」

まずは世のためになることを目的とせよ、というのである。自分のために儲けるのは二の次とせよ、と勧めているわけである。この考え方は、現代の経営者たちも教訓とすべきものだろう。

## 個人の社会貢献活動を阻む悪しき慣習

正直に言って、現在の日本の企業家で渋沢栄一の考えを踏襲している人が多いとは思えない。むしろ、それを徹底しているのはアメリカではないかと私は思っている。たとえばロックフェラーやカーネギーは戦前から社会貢献的な活動をしっかりとやっていた。近年も、ビル・ゲイツが公共のためにゲイツ財団を創設し、私財を五兆円以上提供すると発言しているし、それに感激した大金持ちのウォーレン・バフェットも三兆円を出すと言っている。

そういう人たちが現在の日本にはほとんどいない。これは税制の問題もあるし、土壌の問題もあるのだろうが、戦前はそうではなかった。渋沢の始めた慈善活動の影響もあって、三井は三井報公会のような組織をつくって社会貢献活動をしているし、三菱も国のため、あるいは民間のために役立つような金の使い方をしている。東大に安田講堂を寄付したのは、安田財閥の総帥安田善次郎であった。したがって、戦前には日本にも企業が社会貢献活動を行うという気風があったのである。

しかし、そのうち日本は戦争に突入し、三井も三菱もそんな活動をやっている暇がなくなってしまった。そして戦争に負けると財閥は解体され、それとともに戦前にあった美風も消滅してしまった。

また現在は、慈善事業をやろうとする人に嫉妬する人たちの力が強くなっているようにも思う。国の事業ならいいが、個人として立派な活動をすることに対して嫉妬を感ずる人たちが多いのである。そのため、松下幸之助さんにしろ、稲盛和夫さんにしろ、ノーベル賞に近い高額の賞金を出す賞を創設したが、それに松下賞や稲盛賞というような個人名を冠にすることが許されない。はっきり言ってしまえば、官僚の嫉妬がそれを阻んでいるのである。

これは非常に残念である。個人名にしなければ創設者の偉業が十分に讃えらず、それが後世に伝わっていかないのである。アメリカならカーネギー・ホールがあり、ゲイツ財団がある。クライスラーの再建に辣腕《らつわん》を振るったアイアコッカの名を冠したアイアコッカ・ホールというものもできている。スウェーデンにはノーベル賞がある。

そういう個人名がついているからこそ、彼らの功績は後世まで長く忘れられずに伝わるのである。稲盛賞ではなく京都賞では、稲盛和夫という人の功績はわからなくなってしまう。

アメリカには金持ちの金の使い方に伝統がある。日本でも戦前はそうした伝統ができかかっていた。住友博古館というのは天下に誇る東洋美術の宝庫だし、日本や東洋の美術品を所蔵している三井文庫もある。三菱が買った静嘉堂《せいがどう》文庫には世界に一冊しかない本も所蔵されている。シナには一冊もない北宋時代の印刷本が二十冊もある。それらはすべて戦前の日本の大財閥が買い集めたものである。彼らはそうした仕事をさらに進めようとしていたが、戦争のためにそれは果たせなかった。

笹川良一さんも大したものだった。笹川さんは公営ギャンブルの競艇を育て上げた。そして笹川財団をつくり、世界的な活動をされた。世界では笹川ファウンデーションの名で知られているのに、日本ではその名を使うことを禁止した。なぜかと言えば、日本の官僚が笹川さんに嫉妬したからである。彼らは東大法学部を出た秀才で、同世代の出世頭であり、自分たちが偉いと思い込んでいる。しかし、そんな自分たちの名前を出して何かをすることはできない。それなのに民間人が個人名を冠にして活動するとは何事か、というケチな発想である。

競馬の有馬記念というのは、終戦直後に有馬頼寧《よりやす》という人が日本陸軍の騎兵部隊の資産を引き継いで競馬を始めた功績を讃えてその名がつけられている。個人名が冠になるのは珍しいと思っていたら、この人は農林省の官僚なのである。つまり、官僚なら名前を使ってもいいというわけである。実に了見の狭い、愚かな話だと言うしかない。

そういう嫉妬に基づいた愚かな制限は即刻やめるべきである。儲けられる人はどんどん儲ければいい。ただし、その儲け方は道徳に反してはいけない。そして、儲けたお金は国家社会のために使うような道を考える。そういう社会を目指すべきなのである。これこそ、アメリカをいいお手本とすればいい。渋沢栄一なら、きっとそう言ったに違いない。

## 渋沢栄一の精神を現代に甦らせる

『論語』の精神でやれば必ず事業はうまくいく、と渋沢栄一は考え、実際その通りになった。渋沢栄一は決してお金をごまかさない人だった。討幕軍を打ち建てるために父親のお金を二百両ちょろまかしたことはあったが、それは自分が商売をやって儲けた金である。しかも、あとになってそれを父親に正直に打ち明けている。

渋沢栄一は、一橋家に仕えていたときも、フランスに滞在していたときも、金銭に対しては実にきっちりとしていた。

私は田舎の出身であり、自分の周囲にいた貧しい人たちをたくさん見ているが、そういう人たちを見ると、ある特徴があることに気づく。つまり、いつまで経っても貧乏のまま留まっている人は、お金を任される地位になると、必ずと言っていいほど、ごまかすのである。あたかも犬に肉の番をさせるような話になってしまうわけである。

渋沢栄一はそういう不正は決して働かなかった。びた一文、不正な金を受け取らなかったし、公金を私するようなことはなかった。当たり前の話と言えばそれまでだが、今までどれだけの政治家や経済人がこの問題で自らの地位を汚してきたかを思い返してみれば、この「当たり前」を貫き通す難しさがよくわかる。

渋沢栄一は「自分はたまたま儒学の精神を学んだけれども、それはキリスト教でも仏教でも、自分が立派になるなら何でも結構なのである」と言っている。要するに、彼は広い意味での心学、修養の精神の必要性を訴えているのである。この渋沢の精神をわれわれは学びたいと思う。渋沢栄一の実践した修養の精神をもう一度社会に取り戻すことが、混迷する日本を立て直すために必要なのである。

そのためにも、個々の人間が自らの心を磨くことに精進しなくてはいけない。心を磨けば必ず大金持ちになれるかどうかはわからないが、必ずや小金持ちぐらいにはなれると私は思っている。それよりもさらに大切なのは、そういう修養を積む人が増えれば、日本は間違いなく品格ある国家になるだろうという点である。

渋沢栄一が外国に行って日本に足りないと感じたのは、まさにそこに暮らす町人、商工業者たちの品格だったのである。いくら金儲けがうまくても品格が高まるわけではない。それはわれわれが日常的に目にしていることであろう。そして、そうした社会は渋沢栄一が望んだものではない。

金の力からではなく、人間自身からにじみ出てくるものによって、誰もが対等の立場で付き合える社会をこそ、渋沢は理想としたのである。この偉大なる先達《せんだつ》の教えを、今、われわれは取り戻さなければならないだろう。

# 第六章

# 渋沢栄一の人生訓20

## ——人生成功の秘訣

渋沢栄一は若いころから人を集めて話をするのが好きだった。自らが設立した第一銀行関係の人たちを中心に竜門会という会をつくり、そこでしばしば訓話をした。竜門というのは登竜門という言葉で知られる「鯉も竜門の滝を登れば竜になる」というシナの故事から名前をとったものである。

その竜門会で行った訓話を集めて『青淵百話』という本ができた。この本は明治四十五（一九一二）年に刊行され、わずか二十日間で八刷を記録するというベストセラーとなった。しかし、同じ時期に明治天皇の病気が重篤《じゅうとく》になったため、そのときはそれ以上増刷されることはなかったのだが、この本を読みたいという声は多く、大正十五（一九二六）年になると、新書判七百五十七ページ、革表紙の三方金（本の天地と小口に金箔を施した装飾法）という体裁で復刊された。

それほど当時の人たちを熱狂させた『青淵百話』は、人生における成功のコツが詰まった本である。本章では、全体のまとめも兼ねて、この百話の中から今の人たちの修養に役立ちそうな考え方を二十ほど挙げて解説していきたい。

## 1 友達には正直者を選べ

「友達には益友と親友がある」と渋沢栄一は言っている。これは金持ちとなった渋沢栄一が子孫のために言った言葉と考えてもいいだろう。つまり、付き合って損する友達と得する友達があるということである。

論語の中には「己に如《し》かざるものを友とすることなかれ」とあるが、それほど厳格に考えると、友達などいなくなってしまう。しかし、そこまで厳しく求めないとしても、歓楽のような悪い遊びに誘うのは悪い友達であるし、同様に、おべっかを使うのも悪い友達であるとしている。

ここから考えると、渋沢のイメージする良い友達というのは、正直であり、悪い遊びに誘ったり、お世辞を言わない友達であるということになる。これは指摘されるまでもなく、わかりきったことなのだが、実生活の中では、わかっていてもうまくいかないことも多い。だから、あえて友達を選ぶ重要さを指摘しているのである。

## 2 交際術の中心に敬意を置け

「交際の術にはいろいろあるが、その一番重要な点は、付き合うときに自分が相手に対して敬意を持っていることである」と渋沢栄一は言う。ただ、敬意といっても堅苦しくなるばかりでは仕方ないので、愛想よくするなど、ある意味での術は必要だが、基本的には敬意が必要である。それは、遊びの場においても、宴会の場においても同じである。

これが交際術の極意であると渋沢は言っている。実際、渋沢は人に面会すると、丁寧にとことんまで話を聴いていたそうである。

こうした態度は偉い人に共通するものであると思う。私は松下幸之助さんの晩年、時々お会いする機会を得たが、当時八十を過ぎておられた松下さんが、私が帰るときには必ずエレベーターのところまで見送ってくださった。その丁寧なことは、こちらが恐縮するくらいであった。相手が若造であっても、付き合いの根本は敬意であるということを松下さんは実行しておられたという感じを受ける。渋沢栄一についてもこれは同じであり、彼の懐刀のような存在であった本多静六博士などもそう言っている。

## 3　事にあたっては一心不乱に努めよ

「事にあたっては一心不乱であれ」と渋沢は忠告している。これは、捨て身で事にあたらなければいけない、という意味である。

コンサルタント会社として世界で最初に上場したと言われる船井総研の船井幸雄氏は「必ず成功するコンサルティングとは、成功しそうもない会社のコンサルティングはしないことである」と言っておられる。実際、船井氏はこの考え方を実践することによって、「ここ三十年ほど一度も間違いがなかった」という。

では、成功しそうな会社とはどういう会社なのか。それは、「企業の規模を問わず、経営者が捨て身であるか、一心不乱であるかどうかにかかっている」と船井氏は言うのである。まさに渋沢栄一は船井氏が考えたのと同じことを明治時代に喝破していたわけである。

## 4 勤と倹を心がけよ

事業を始めること、すなわち創業の場合にも、業が定まってから守ること、すなわち守成の場合にも、一番重要なのは勤勉であることと節倹であることである。勤勉でなければそもそも仕事が始まらないのは誰でもわかっている。また、成功したら締まるところがなければ長続きしないことも明らかである。

勤と倹、これが創業・守成のもとであるというのが渋沢の考えである。

## 5 投資はいいが、投機は慎むべし

渋沢栄一は、正常な投資と投機を区別して見ている。そして、「投機で儲けるのは道徳上卑しむべきことだ」と、はっきり述べている。日本の産業で渋沢の手にかからなかったものはないと言っていいくらいである。したがって、渋沢がその気になれば、投機的な方法で儲ける機会はいくらでもあったはずである。しかし、自らの言葉にしたがって、彼は一生に一度もそういう投機をしていない。

これは松下幸之助さんも同じだったと思う。たとえば、工場を建てるときに隣の土地も一緒に買っておけば土地投機によって儲かるとわかっていても、松下さんは、あえてそうしなかったといわれる。

ところが、松下さんが亡くなった後の松下系列の会社はそれをやってしまったところがあった。その結果、バブルがはじけて大損害を受けたのである。

健全なる本業としての投資と、投機のための投資は違う。投資は大いにするべきだが、投機は厳に慎むべきだと渋沢栄一は考えている。この二つは、ある意味では線の引きにくい部分ではあるが、それだけに、いちいち心に問いただして、じっくり考えて行動しなくてはいけないということだろう。

## 6 相手のためになる援助を行え

慈善の心を持つことの重要性も渋沢の主張するところである。特に、一族の者で困っているものがいれば助けなくてはいけない。しかも、その助け方も重要であって、独立自尊の精神を損なわないようにしなくてはいけないと言っている。

私の田舎の友人の父親で、その地方で有名な実業家がいた。戦前、一族の中でその人だけが出世して金持ちになったため、ずいぶん多くの親類縁者に援助をしたようであった。しかし晩年、私はその人と話をする機会を得たが、そのときにしみじみと語っていたものである。「いくら助けても駄目な者はたくさんいるのだ」と。

つまり、せっかく援助をしても、それに甘えるだけで独立自尊まで行かない人がたくさんいるというわけである。この言葉とあわせて考えると、渋沢栄一の言葉の重みがわかってくるのである。

## 7 慈善についてはカーネギーに学べ

慈善について言えば、渋沢栄一は実業家が社会的活動を行う必要性も説いている。渋沢栄一はアメリカに何度も行っているが、そこでカーネギーなどの大富豪の生き方を見て驚き、カーネギーの伝記を読んで感激している。カーネギーは貧しい家に生まれたにもかかわらず鉄鋼王になり、多額の富を築いた。しかも、晩年はその富をいかにして国家社会のために使うかを一生懸命に考え、実行した。

渋沢は、日本にカーネギーのような人物がいるとは聞いたことがなかった。それはまるで儒学の世界で語られる堯《ぎょう》とか舜といった聖人みたいなものであり、カーネギーはそうした歴史上の聖人にも劣らないであろうと渋沢は絶賛している。

こうした渋沢の意見に励まされて、明治になると、三菱も三井も公共のために金を使いはじめた。安田財閥を築き上げた安田善次郎はケチで有名だったが、その安田善次郎にして、晩年になると渋沢的な考えに感化されていくのである。そして、東大に安田講堂を寄付したのを皮切りに、今後は徹底的に寄付をしたいと言って本多静六博士などを顧問に据えて計画を立てていた。ところが、ある日、金の無心に屋敷にやって来た男に断りを入れたところ、刺し殺されてしまったのである。

アメリカの場合、先に述べたビル・ゲイツの例をはじめ、金持ちは寄付をすべきものであるという伝統が社会に根付いている。日本でも戦前の素封家《そほうか》、地方の金持ちたちは、善行を施そうという考えを持っていた。また、明治以後の財閥もそういう方向に進んだが、それが発展する前に戦争が起こり、途絶えたまま今日に至っているわけである。

戦後はまだ、社会のために多額の金を寄付するような使い方をする人が多くは出てきていない。突如として多額の私財を築き上げた堀江貴文氏とか村上ファンドの村上世彰氏などは、社会貢献にまで頭が回らなかった。しかし、彼らは初めから寄付に頭を使うべきだったのである。あるいは、そういう社会的な事業を行うことを宣言しておくべきだった。そうすれば、金を儲けるにしても姿勢が違っていただろうし、世間の応援の仕方も違っていたと思う。個人の蓄財を第一に考えたことが彼らの失敗の原因であったと思うのである。

## 8 富んだら礼儀を知るべし

金を手にすると、人間が変わってしまうようになる場合がある。だからこそ、「富んだら礼儀を知ることが一番重要だ」と渋沢は言う。明治時代は金持ちが威張っていた。この言葉は、そういう金持ちに対する忠告と考えてもいいだろう。

この「富んだら」というのは、「権力を持ったら」としてもいいと思う。自分に力あるとき――それが富であれ、権力であれ――は、それまでに増して礼儀正しくするように気をつけなければいけないという箴言《しんげん》である。

## 9 実業家は愛国者でなくてはいけない

実業家といえども忠君愛国が重要である、と渋沢は考えている。「自分の国が他の国よりも栄え、豊かになり、強くなることを願うのは当然自然の念である。これを思わないような人間は商売をやってはいけない」と言うのである。

こうした意識は今では薄らいでしまった感があるが、基本的に国の害になるような動き方をすべきではない。これは重要な指摘であると思う。

## 10 子供に金銭教育を施せ

渋沢栄一は「子供でも十歳以上になったら少額のお金を与えて、自由に使えるようにするのがいいだろう。ただし、その場合、会計をきっちりする癖をつけるべきだ」と言っている。これはアメリカの大実業家が息子に施す教育と同じ考え方である。お金は自由に使っていいが、何に支出したのかを明確にすることを義務づけてお金の使い方を覚えさせようという、きわめて実践的な教育法である。

これには、親が早く死んでしまって子供が財産を相続するとなったときに、お金の使い方を覚えていないと危ないということのようである。

## 11

# 細かいことを忽せにするな

大きなことは誰も忽《ゆるが》せにしないが、細かいことはどうかすると忽せにしやすいものである。これは気をつけなくてはいけない。手紙一つ、葉書一枚書くときも、隅々にまで気をつけなくてはいけない、と渋沢栄一は言っている。

これは私の世界でも言えることである。名もない雑誌から原稿を頼まれることがある。だからといって手を抜くと、必ず悪いことが起こるのである。だから、いったん引き受けたならば、どんなにつまらない原稿であっても、名もない雑誌やパンフレットの原稿であっても、全力を傾けて仕上げなければならない。

いつか私がそういう話をしたら堺屋太一さんも同意されていた。おそらく仕事をするときには、細かいところから大きな問題に発展するケースがしばしばあるということだろう。その意味で、この考え方は時代を超えた真理であると思う。

## 12 口舌は禍福のもとになる

普通は「口は禍《わざわい》のもと」と言う。芭蕉にも「物言えば唇寒し秋の風」という句があるが、そうとばかりは言えないのではないかと渋沢は指摘する。

「自分などは確かにしゃべりすぎて時々失敗はするけれど、しゃべったためにいいこともあるのである。だから、しゃべらなければいいというものではない。口からは禍《か》も出れば福も出るのである」と。

これは日本の政治家や外交官にもぜひ実践してもらいたいことである。きっちりと主張するべきときに口をつぐむために日本が世界中に大恥をかいている、いわゆる〝従軍〟慰安婦問題のようなものもある。このように、言うべきときに言わないと禍になることがあるのである。余計なことを口にして禍になるケースもあるけれど、はっきりと主張することで、それが福につながる場合もあるのである。

私の乏しい経験でも、そういうケースがあった。私は自分が書いた文章によって言論糾弾団体からしばしば糾弾を受け、授業妨害をされた。大学において、私ほど糾弾を受けた人間はいないのではないか、と思えるほどである。

糾弾を受けたというのは禍であるが、幸いにして私は彼らの糾弾に対してきっちりと答えた。そのために今日では、そういう団体に屈しなかったという事実がある種の信用になっていると思う。これは、言うべきことをきちんと主張したために、それが福につながった一つの例と言えるのではないかと思う。

したがって、口をきいたら損をすると一方的に言ってはいけない。また、口をきいたら得をすると一方的に言ってもいけない。要するに、事と次第に応じて、十分に考えて口はきくべきだというわけである。

## 13 富を得る前提として道徳がある

本書の最初に述べたように、渋沢栄一の特徴といわれるものに「論語とそろばん」という考え方がある。渋沢栄一は「実業界には論語が必要である」と、生涯にわたって主張し続けていた。

幕末までは、漢文は武士階級が学ぶものであり、町人階級にはかかわりのないものだった。渋沢は「（大商人である）越後屋でも住友でも漢文は読ませなかった」と言っている。だから、武士道というのは漢文の世界なのであり、その一方には、まじないや迷信を信じる町人の世界があったわけである。

漢文を学んでいた武士たちは、儒教の教えから富を軽蔑した。義理や忠孝を最上のものとして、富は下等なものであると考えた。実際、庶民の大半は、嘘をついても、ごまかしても、迷信を信じても、何をやろうが儲かればいいのだと思っていた。

渋沢はこうした武士と町人を別のものとする考え方を否定した。同時に、富は卑しいものだとする考えを改めるように繰り返し主張した。「儒教の中心である孔子も、富は否定しなかった」と繰り返し述べ、論語の中にある次の言葉を挙げている。

「富と貴とは、これ人の欲するところなれども、その道を以てせざれば、これを得るとも処らず。貧と賤とは、これ人の悪むところなれども、その道を以てせざれば、これを得るも去らず」

これは渋沢栄一の「論語とそろばん」という思想の中心にある考え方である。渋沢は言う。

ここでは富が悪いとか身分が貴くなることが悪いとは全然言っていないじゃないか。ただ、金持ちや貴人になる方法が道に反しているのならば、そういうものはいらないと言っているにすぎない。貧しかったり身分が低いのは嫌なことであるが、悪いことをしないで貧しいのであれば、それはそれでもいいと言っているのである、と。

ところが、「朱子学者は富貴が悪いみたいな話にみんな持って行っている」と渋沢は批判している。彼はよく知っていたのだと思うが、朱子学というのは宋学である。宋というのは、金に負け、蒙古に負けて、中原《ちゅうげん》から南に逃げてきた国である。敗戦国の宋で富貴を誇る者といえば、誰も彼もまっとうな地位について富貴になった輩ではなかった。したがって、宋代の朱子学者たちはそれらの者を侮蔑し、「潰されたもとの国のあり方こそが正しいのだ」と主張するために、富貴を否定する説を唱えるようになってしまったのだと思う。

たとえば、明治のころの朝鮮の儒教は完全に朱子学であった。そのため、ほんの一握りの両班《ヤンバン》だけが豊かで、他の人々は日本で言えば平清盛のころの庶民の生活水準だったと当時の本に書いてある。富貴を否定するだけでは、結局、そういう惨めな状態になってしまうのである。

したがって渋沢栄一は、悪いことをしなければ、富み、貴くなるのはいいことなのだ、という点を重視すべきであると言っているのである。

さらに、孔子はこうも言っていることを渋沢は指摘する。

「もしも富が手に入るならば、私はどんな賤しい仕事、たとえば馬の尻を鞭で打つような仕事であっても、それをやります。しかし、それをしても富が手に入らないようならば、私は自分の好きなことをします」

この言葉は、渋沢栄一が職業に上下はないと考えていたことを証明するものである。悪いことでなければ、金を儲けるために人が軽蔑してやりたいと思わないような仕事でも厭わずにやる。ただ、それで儲からないのであれば、私は貧しいままでもいいから自分のやりたい仕事をする。道に反することをしてまで儲けようとは決して思わない、という意味である。

渋沢栄一が生涯に論語を何百回読んだか知らない。しかし、論語のどこにも「富が悪い」とは書いていないと彼は強調する。だから実業家よ、富を得ることはいいことなのだ。ただし、それは武士の倫理をもって行わなくてはいけない。仁義を重んじ、道徳を重んじなければいけない。そして、商人に倫理が欠けているのは、江戸時代に社会階級の違いから儒教に触れる機会がなかったのが悪かったのだと説いてやまなかった。

だからこそ、商人は儒教を勉強し、正しい道を知らなければならない。それを前提として商売をしなければならないのである、というのが渋沢栄一の「論語とそろばん」の骨格である。

## 14 武士道は即ち実業道である

商人も論語を学ぶべきであるという渋沢栄一の考えは、発展して「武士道は即ち実業道である」という言葉として表現されるようになる。「約束を守るというのは武士の戦場におけるが如きものであり、契約を守るというのは戦争をする場合に負けないぐらいに重要なものであって、命がけでやるべきものである」と渋沢は言うのである。そして、「武士の道徳とは実業家の道徳であり、武士の気概とは実業家の気概でなくてはならない」とする。

すでに述べたように、渋沢栄一は幕末・明治のころにヨーロッパに初めて行った日本人の一人である。そしてフランスで彼が一番驚いたのは、政治家と実業家が分け隔てなく会話をし、同じレベルで付き合っているという光景だった。これは町奉行と商人が対等に話をしているようなもので、当時の日本ではとても考えられることではなかった。だから彼は、それを日本の将来のあるべき姿としてとらえ、「武士の商人化、商人の武士化は同じことである」と言ったのである。

この言葉を実証するように、渋沢栄一がつくった数多くの企業に入って重要な役割をしたのは、福澤諭吉がつくった慶應義塾大学出身の学生たちであり、江戸時代の大商店の番頭や手代ではなかった。こうした番頭や手代たちは、新しい時代の実業の中ではあまり役に立たなかったのである。その理由は、その者たちに武士的な気概や道徳観がなかったからである。

福澤諭吉について学んだ者たちには没落士族の子弟が多かった。その者たちが福澤諭吉の思想に引き込まれ、商業の価値を認め、実業界で生きることを目指したのである。そして、その福澤諭吉の教えと渋沢栄一の思想は同じようなものだった。

このようにして、福澤・渋沢に感化された者たちが日本の産業をつくっていったのである。それはまさに、武士の実業人化であり、実業人の武士化であったのである。

## 15 よく使われる人になれ

渋沢栄一は「使われる人になれ」という忠告をしている。「使う人はごく少数いればいいのだが、使う人でも、元来はよく使われなければ駄目なのだ。だから、よく使われる人になりなさい。よく使われる人の多い国が文明国なのだ」と言っている。これは確かにその通りで、よく使われる人は発展途上国には少ないだろう。

大切なのは、よく使う人はよく使われる人でなくてはならない、という部分である。

よく使われる人がよく使う人になるのだ、と渋沢は言う。これは当時の官吏志望の大学生たちへの忠告だと考えてもいいだろう。そのころは、初めから使う人になろうという大学生が多かったが、「それはいけない」と言っているのである。

しかし、こうした渋沢の忠告にもかかわらず、日本は長く官僚天国であった。今はだいぶ変わってきたが、つい十年前までは、高級官僚になると初めから使う立場に立った。そうした使われることを知らない者たちが使う立場に立ってきたことが、日本を多方面で弱体化させたと言ってもいいくらいである。

それだけに、この「使われる人になれ」という言葉は、人間をよく知る渋沢栄一らしい助言であると思う。

## 16 地方は国家の富のもとと考えよ

明治の終わりごろ、渋沢栄一は地方が衰微している状況を見ている。どんどん人口が大都市に集まり、地方はどんどん衰微していく。地方の衰退は今にはじまったことではなく、明治のころから延々と続いてきていることなのである。

しかし、地方というのは富のもとであるから、これを栄えさせなくてはいけないと渋沢は考えた。そのためには地方に適した産業をやればいいと主張した。ただし、当時のことなので地方に適した産業といっても何がそれに当たるのかは渋沢もよくわかっておらず、たとえば水力発電をやるといった提案をしているに過ぎないが、これは今日にも通じる課題であるだろう。

その意味では、非常に発展の難しい青森県の六ヶ所村に核燃料再処理施設をつくるというのは、方向性としては正しいと思う。地方を本気で振興させようと思うのなら、交付金をばらまくというやり方をやめて、何よりも誘致した産業を成功させることが重要である。もしも青森県六ヶ所村の核燃料再処理施設が成功すれば、そこは世界中の最先端になるわけである。そういう成功例を作り出せば、もっと産業配置が自由になると思うのである。現状は、下手に交付金があるばかりに、かえって地方に適正な産業が生まれずに荒廃していくように思えてならない。

また、渋沢は、地方にあった産業を育てると同時に、地方の人たちの心構えも変える必要があると指摘している。中央から地方に視察に行くと、地方の人はあたかも外国人が来たかのように迎え、強く警戒して心を開こうとしない。それも困った話であると言うのである。これは、今では相当事情も変わってきていると思うが、閉鎖的な土地柄には新しい産業は育ちにくいという指摘なのだろう。

このように、中央が発展して地方が衰えていくというのは、明治以来の日本の問題であり、それが今、特に際立ってきたという感じがする。私は具体的な策を提案する立場にはないが、地方振興ということを考えるとき、なぜ延々とそれが続いてきたのかという視点に立った分析を行うことは非常に重要であると思う。

## 17 立志の工夫を怠るな

渋沢栄一は「自分は志を立てて間違ったこともあるから」と言って、若い人たちに立志の工夫について助言している。

彼が間違ったと言っているのは、つまり、最初に攘夷運動をやろうとしたことを指している。実際に同志を募って、高崎城を攻撃しようとまで考えたわけである。それが妙な具合になって徳川家に仕えることになった。そしてまたそれが一変して、新政府の大蔵次官のような位に就くことになった。

ある意味では、大蔵省を辞めるまで渋沢栄一の志は定まっていなかったと言える。

それは、渋沢自身が「自分は何度も間違った」と言っているところからもうかがえる。それは、渋沢栄一の本当の志は、野に下り、日本の発展のために実業の世界を育て上げると決めたときに定まった。そして、「その志はそれから四十年間、一度も狂うことはなかった」のである。

そんな渋沢栄一が自らの反省も踏まえて指摘している立志の工夫とは何か。それは、事に取り組む前に自分の能力や適性をよく考えて、自分を買いかぶらないようにし、しかも自分の好むところ、つまり一生やっていけそうなことを見つけるのが重要だということである。「これから世の中の制度が整ってくると、自分のように志を途中で変えてもそうマイナスではないということがなくなるであろう」と渋沢は言っている。

要するに、社会が整えば整うほど、一度間違うとうまく軌道修正がきかなくなる恐れがあるから、最初の段階で熟慮して判断する必要があるとアドバイスしているのである。

人にはそれぞれが持っている器量というものがある。だから、政治家になろうとか総理大臣になろうとか実業家になろうという人たちは、自分がその道に向いているということをよほど確信してスタートしなければいけないということなのである。

この志の工夫について言えば、私は「マイナスの志の見つけ方」というのがあると思っている。私は幸いにして、学徒勤労動員というものを戦時中に体験して、自分の嫌いなものがよくわかったのである。そして、自分の嫌いなものをどんどん省いていくと、自分の好きなものが何かわかってくる。この好きなものを自分の志とすればいいのである。そのようにしたせいで、私はわりと人生の早い時期に志が立ち、それが揺らがなかった。そのために、自分の健康や才能から見れば恵まれすぎるような一生になったと思う。

渋沢栄一も、「自分の健康や才能を正確に見よ」と言っている。私は勤労動員を一度もサボらずに付き合ったのだから、決して体が弱かったとは思わない。しかし、当時の男子の水準からすれば弱かったほうだとは思う。とにかく勤労動員がつらくて仕方がなかったのである。だから私は、いわゆる勤労生活をするような会社勤めは向いていないのではないかと考えた。

才能ということで言えば、私は要領よくたくさんのものをマスターするのは好きではないし、向かないのではないかという感じもした。だから、そういうことが求められる仕事は除外した。これは今から考えると、自分の欠点を正直に見ていたように思うし、渋沢の忠告とも合っていたような気がするのである。

## 18 貯蓄は文明のしるしである

「貯蓄があるということは文明国のしるしである」と渋沢は言う。これは本当の話で、発展途上国には貯金という思想がないということは新渡戸稲造《にとべいなぞう》も言っている。貯金は文明のもとであり、貯蓄率の高さはその国の力を表しているのである。

日本でも貯金の制度は江戸時代まではなかった。そのころの貯蓄観念というのは、金を貯めたら縁の下に入れておくという程度だった。

だから、貯蓄制度を整えることが重要であると渋沢は言っているのだが、郵便貯金万能説は否定している。当時は郵便貯金は国が保証するから安全だということがしきりと喧伝《けんでん》されていた。しかし、国が主導して金を集めてしまったら、その金は民間に行かないだろうと渋沢は考えた。だから、安全にして、しかも産業界に金が回るような貯蓄の制度が必要であると言ったのである。郵貯は資本蓄積の方法としては結構だけれど、それを重視しすぎてはいけないのだ、と。

## 19 誰もが信じられる宗教が必要である

あるときドイツ人が渋沢栄一を訪ねてきて、いろいろ質問をしたことがあった。その一つに、なぜ日本は封建時代から急速に発展したのか、という質問があった。そのドイツ人は、発展の裏に特別な宗教が介在していたのではないか、と考えたのである。

この質問に対して、渋沢は「儒教の教えをきちんと守っていれば十分である」というような考えを述べたのだが、その一方で、何か総合的な宗教があればいいのだが、という希望も述べている。

というのは、当時の日本には、仏教もあり、神道もあり、またキリスト教も入っている。仁義道徳を守っていれば安穏として死ねるというのは武士階級に限られている。だからこそ、誰もが信じられる宗教があればと渋沢は考えたようだ。

しかし、それから一世紀以上経っても、そういう宗教が出てくる可能性は見当たらない。つまり、宗教問題に対しては、現在も渋沢栄一の当時と変わらない状況にあると考えていいと思う。渋沢の言うように、道徳を信じ守って、そこに安心立命の境地を得て亡くなるか、あるいは他に、宗教に安心を求めるかという問題は依然として残っているわけである。

## 20 日々の仕事が人格修養の機会となる

人格の修養をするために時間をつくって坐禅を組むというのも悪くはないけれど、

そういうことをする必要は必ずしもない、と渋沢は言う。わざわざ坐禅修行をしなくても、日々の仕事に携わっているとき、それはすべて精神修養として使えるのだと言うのである。

人生、日々の暮らしにおいて、その守るべき道理に対し、それをどこまでも踏み誤らないように心がけるならば、それが最も簡単な人格修養法である。一つひとつ道理にそむかないようにきっちりやるということは、それ自身が人格修養であるということである。

また、よく健康法では心を煩わすなということを言われる。しかし、真面目な思慮分別を続けることは、若さを保つもとになるのではないかと渋沢は考えている。むしろ、楽隠居をして、もう心配することは何もないと思うと、急速に老化が進む。くだらないことに心を煩わせても仕方ないけれど、まともなことをよく考えることは若さを保つもとになるのではないか、というのである。

以上見てきたような渋沢栄一の考え方は、今の世の中にも十分通用するものと思う。

それどころか、人生の成功を願うのなら、こうした見方・考え方を是非とも心に置くべきであると思うのである。その意味において、渋沢栄一とは決して歴史上の人物ではない。われわれ現代人が手本とするべき生き方のヒントを豊かに持った偉大なる隣人なのである。明確な答えのない時代ともいえる今であればこそ、われわれは渋沢栄一から大いに学びたいものだと思う。

## あとがき

今の中国は「大国崛起」をスローガンにして富国強兵路線まっしぐらである。それとともに面白いことが起こった。孔子を重視しだして、盛んに宣伝するようになったのである。毛沢東の文化革命の頃は、「批林批孔」といって、孔子の像などをぶち壊したのだ。

ところが、鄧小平の開放政策が成功して経済的に豊かになり、世界の貿易大国の一員となった段階で、重大な欠陥が中国経済にあることに気が付いた。それは経済道徳の欠如である。

もと毛沢東の紅衛兵だったという石平氏は、「文化革命時代に、孔子や儒教を徹底的に非難・排除したために、今の中国には道徳的規範が全くなく、〝ただいかにしたら儲かるか〟だけが規範になってしまった」と指摘している。

さすがの中国も、今のままでは経済的繁栄と見えるものも、根底から崩れるのではないか、と心配しだしたのだ。それで〝孔子復興〟というわけである。そして「大国崛起」の中国が見倣うべき人物の一人として、日本人では渋沢栄一があげられているという。中国も「論語と算盤」になってきたのである。渋沢栄一はこの点でも、最も先端を行く思想家になった感じがする。

渋沢栄一は古いようで最も新しいのだ。彼の言ったことは〝普遍でもあり、不変でもある真理〟であったことを、改めて認識していただけたら幸いに思う。

平成十九年四月

渡部昇一

**渋沢栄一**（しぶさわ・えいいち）天保11（1840）年武蔵国榛沢郡血洗島（現・埼玉県深谷市）に生まれる。幼少から漢籍を学ぶとともに、家業の畑作、養蚕、藍玉の製造・販売を手伝う。元治元（1864）年一橋慶喜に仕え、後に幕臣となる。慶応3（1867）年、渡仏。欧州諸国の実情を見聞することとなるが、翌年には明治維新により帰国。その後、明治政府より招聘され、大蔵省の一員として、新しい日本の国づくりに深く関わる。明治6（1873）年大蔵省を辞し、第一国立銀行の総監役となる。企業の創設・育成に力を注ぎ、その数は約500社にもなる。倫理と利益の両立を掲げる「道徳経済合一説」を主張し、その一環として、約600の教育機関・社会公共事業の支援および民間外交に尽力した。昭和6（1931）年死去。享年91。著書に『論語と算盤』等がある。

**渡部昇一**（わたなべ・しょういち）昭和5年山形県生まれ。同30年上智大学大学院修士課程修了。ドイツ・ミュンスター大学、イギリス・オックスフォード大学に留学。Dr.phil., Dr.phil.h.c. 専攻は英語学。上智大学教授を経て、上智大学名誉教授。博学な知識を元に、評論活動、著述活動を幅広く展開し、「知の巨人」と評された。著書に『「南洲翁遺訓」を読む』『知の愉しみ 知の力』『誇りなき国は滅ぶ』『いま大人に読ませたい本』『幸田露伴の語録に学ぶ自己修養法』『人間百歳自由自在』『運命を高めて生きる』『「仕事の達人」の哲学』『人生力が運を呼ぶ』『先知先哲に学ぶ人間学』『歴史は人を育てる』『財運はこうしてつかめ』『人生を創る言葉』『歴史の真実 日本の教訓』『子々孫々に語りつぎたい日本の歴史』『パスカル「冥想録」に学ぶ生き方の研究』『この国の「義」を思う』『「東京裁判」を裁判する』（いずれも致知出版社刊）など多数。

# 渋沢栄一　男の器量を磨く生き方

平成十九年五月十五日第一刷発行
令和三年十一月三十日第三刷発行

著　者　渡部　昇一
発行者　藤尾　秀昭
発行所　致知出版社
〒107-0062東京都港区南青山六の一の二十三
TEL（〇三）三四〇九―五六三二
印刷　㈱ディグ　製本　難波製本



ISBN978-4-88474-776-3 C0095


ホームページ　https://www.chichi.co.jp
Eメール　books@chichi.co.jp